낮이 안녕하기를
그리고 밤이 안녕하기를
낮과 밤 그 사이도 행복하기를...

이 업장들을 끝장내려는 우리의 염원이
모두에게서 두루 이루어지기를....

틱낫한
기도의 힘

The Energy of Prayer

2016년 7월 4일 초판 1쇄 발행
2024년 2월 23일 초판 6쇄 발행

지은이 틱낫한 • 옮긴이 이현주 • 사진 한정식
발행인 박상근(至弘) • 편집인 류지호 • 상무이사 김상기 • 편집이사 양동민
편집 김재호, 양민호, 김소영, 최호승, 하다해 • 디자인 쿠담디자인
제작 김명환 • 마케팅 김대현, 이선호 • 관리 윤정안
콘텐츠국 유권준, 정승채, 김희준
펴낸 곳 불광출판사 (03169) 서울시 종로구 사직로10길 17 인왕빌딩 301호
      대표전화 02) 420-3200 편집부 02) 420-3300 팩시밀리 02) 420-3400
      출판등록 1979. 10. 10 (제300-2009-130호)

ISBN 978-89-7479-320-3 03200
값 15,000원

독자의 의견을 기다립니다. www.bulkwang.co.kr
불광출판사는 (주)불광미디어의 단행본 브랜드입니다.

틱낫한
기도의 힘

The Energy of Prayer

이현주 옮김

왜 기도하는가?

나는 베트남 선불교 전통에 속한 사람입니다. 선(禪)에서 우리는 남의 힘이 아니라 본인의 힘으로 살아가는 법을 배웁니다. 운명을 자기 손에 맡겨야 한다는 뜻이지요. 우리는 누군가에게 부처나 예수나 무함마드의 지혜와 평화가 있다 해도, 그를 믿거나 신앙할 수 없습니다.

그렇다면 기도의 역할은 무엇일까요? 우리는 기도를 해야 하나요, 말아야 하나요? 만일 한다면 누구에게 무엇을 기도해야 할까요?

나는 프랑스의 자두마을이라 불리는 수련센터에 삽니다. 한번은 자두마을의 젊은 자매 둘이 프랑스 다른 지방에 있는 가톨릭 수녀원을 방문한 적이 있었습니다.

그들이 돌아와서 내게 말했죠.

"수녀원 자매들은 모든 책임을 그리스도에게 일임하고 있어요. 그리스도를 철저하게 믿고 모든 것을 그분께 맡기는 거예요. 자기들은 아무 일도 할 필요가 없더군요. 참 매력적인 생활방식이에요."

"불교에서는 우리가 모든 것을 다 해야 합니다. 걷기도 해야 하고 앉기도 해야 하고 온 마음으로 숨을 바라보기도 해야 하지요. 우리 운명을 우리 손에 맡겨야 하니 때로는 아주 고단하기도 하답니다."

십 년쯤 전 얘기지만 아직도 자매들의 말이 내 가슴에 남아 있습니다. 나는 이 책에서 두 자매에게, 그리고 기도의 효력에 자주 의심을 품는 사람들의 질문에, 나름대로 답해 보고자 합니다.

2
기도의 이유

3
기도하는 영혼에 대하여

4

기도는 어떻게 건강을 돕는가

5

마음챙김과 기도

6

기본이 되는 다섯 가지 명상 연습

부록

충만한 일상을 만드는 기도

1

기도에 대한
다섯 가지
질문과 답변

기도는 정말 이뤄질까

신앙 있는 모든 사람은 영성 수련을 하면서 어떤 형태로든 기도나 명상을 활용합니다. 기도는 침묵 명상일 수도 있고 웅장한 코러스로 부르는 노래일 수도 있습니다. 사람들이 앉아서 기도하는 전통도 있고 엎드려 절하거나 무릎 꿇거나 일어서서 춤추는 전통도 있지요. 경건한 신앙심으로 정해진 때에 어김없이 기도하는 사람이 있는가 하면 궁지에 몰려 마지막으로 도움을 요청하는 사람도 있습니다.

이렇게 기도의 형식과 실현성이 서로 다른 가운데 나는 이런 질문을 가장 자주 받습니다. **"기도가, 정말로 효과가 있습니까?"**

기도가 효과가 있다고 믿는다면 우리는 당연히 기도를 할 것입니다. 그리고 다음 질문도 당연히 따르겠지요. **'만일 기도가 효과가 없다면 기도하는 목적은 어디에 있을까?'**

이 질문에 직접 답하기 전에 이야기를 하나 들려 드리겠습니다.

작은 흰쥐를 반려동물로 기르는 여섯 살배기 사내아이가 있었습니다. 그 쥐는 단순한 반려동물이 아니라 아이의 가장 가까운 친구였습니다. 어느 날, 둘이서 뜰에 놀러 나갔는데 쥐가 땅 구멍으로 들어가더니 나오지를 않았습니다. 아이는 너무 슬펐습니다. 쥐 없이는 살 재미가 없을 것 같았지요. 그래서 무릎을 꿇고 두 손을 모으고 쥐가 돌아오기를 열심히 기도했습니다. 온 마음을 기울여 기도했습니다. 기도하는 엄마의 모습을 떠올리면서 엄마가 그랬던 것처럼 읊조리며 하느님께 기도했습니다.

"나는 하느님을 믿습니다. 하느님이 원하시면 쥐가 다시 돌아오게 하실 수 있는 줄 압니다."

아이는 두 시간 넘게 무릎 꿇고 정성껏 기도했습니다. 하지만 쥐는 돌아오지 않았지요. 마침내 아이는 일어나 집 안으로 들어왔습니다.

어린 시절을 보내면서 아이는 나쁜 일이 생길 때마다 기도했습니다. 그런데 그 기도는 한 번도 이루어지지 않았습니다. 고등학교에 들어갈 무렵, 그는 더 이상 기도를 믿지 않게 되었습니다.

십대 소년이 된 그는 자기가 다니는 가톨릭 계통 고등학교 음악반에 들어갔습니다. 불안한 목소리를 지닌 나이 많은 남자 선생이 음악반을 지도했는데 병이 들어 많이 아팠지요.

그 선생은 아침마다 기도로 수업을 시작했습니다. 십오 분이나 계속되는 그 기도를 아무도 좋아하지 않았습니다. 게다가 그 기도하는 방식이 흥미롭지도 않았고 마음에 감동을 주지도 않았습니다. 선생은 기도를 시작하기 전에 늘 이렇게 물었습니다.

"누구 내가 기도해 주기를 바라는 것이 있는 사람?"

선생은 학생들이 뭐라고 말하면 그것을 받아 적어 놓고 일일이 그들을 위해서 기도했습니다.

선생은 아주 단순한 것을 기도할 때도 있었습니다. 이런 기도가 그 예입니다. "내일 우리가 소풍을 갑니다. 부디 맑게 갠 날씨를 우리에게 주십시오."

십오 분간 계속되는 그의 기도는 소년에게 지루하고 따분하기만 한 것이었습니다. 소년은 그런 기도를 전혀 신뢰하지 않았습니다. 그런데도 선생은 날마다 진지하게 기도를 바쳤습니다.

어느 날 한 여학생이 슬피 울면서 교실에 들어섰습니다. 엄마의 뇌에 종양이 생겼다는 말을 부모에게서 들었다고 했습니다. 그녀는 엄마가 죽을까 봐 무척 두려워했습니다. 그 말을 듣고 선생이 일어서서 교실을 둘러보며 말했습니다.

"우리는 지금 이 학생 어머니를 위해서 기도할 것입니다. 그러니 함께 기도하기를 원치 않는 학생은 괜찮으니까 잠시 복도에 나가 있어 줘요. 기도가 끝나면 사람 시켜서 부를 테니 그때 들어오면 됩니다."

소년은 기도에 대한 신뢰가 전혀 없었기에 일어나서 밖으로 나가려고 했습니다. 그런데 뭔가가 그를 자리에 붙잡아 두었고 그래서 그냥 있어 보기로 했습니다. 선생은 모두에게 고개를 숙이라고 한 다음 기도를 시작했습니다. 그의 기도는 짧았습니다. 하지만 목소리는 아주 힘찼지요. 그가 머리를 숙이고 두 손을 모으고 눈을 감고 말했습니다.

"학생 어머니를 치료해 주셔서 고맙습니다."

이것이 그가 한 기도의 전부였습니다.

두 주일 뒤 소녀가 교실에서 말했습니다, 자기 어머니가 나았다고. 의사가 뇌를 촬영했는데 종양이 흔적조차 남지 않았다는 것이었습니다.

이 사건은, 오랫동안 기도를 포기했던 십대 소년에게 기도에 치유력이 있다는 믿음을 회복시켜 주었습니다. 소년은 아픈 선생을 위해서 기도를 시작했습니다. 음악 선생의 건강이 회복되기를 온 마음으로 간절히 기도했습니다. 하지만 일 년 뒤 선생은 숨을 거두었습니다.

기도가 효과가 있느냐 없느냐에 대한 질문에 이 이야기가 답이 되었습니까?

무엇이 기도를
가능케 하나

기도는 이루어질 때도 있고 이루어지지 않을 때도 있는 그런 것입니다. 여기서 두 번째 질문이 생겨납니다. **'어째서 기도가 이루어질 때도 있고 그렇지 않을 때도 있을까?'**

유선전화를 걸려면 전화선이 있어야 하고 전화선에 전류가 흘러야 한다는 사실을 우리 모두 알고 있습니다. 기도도 같은 방식으로 작용합니다. 우리 기도에 믿음, 자비, 사랑의 에너지가 없으면 그것은 전류가 흐르지 않는 전화선을 통해 전화를 거는 것과 같습니다. 우리가 기도한다는 사실만으로는 기도의 결과에 도달할 수 없습니다.

그렇다면 확실한 결과가 보장되도록 기도하는 특별한 방법이 있는 걸까요? 누가 그 방법을 알고 있다면 사람들이 비싼 값으로 기꺼이 그것을 살 텐데, 나는 아직 그런 사람을 찾지 못했습니다.

기도는 무엇을
이뤄 내는가

어째서 기도가 어떤 때는 효력이 있고 어떤 때는 그렇지 않은지 우리는 모르지만, 이 질문과 관련해 또 하나의 궁금증이 일어납니다. 세 번째 질문이지요. **'만일 우리가 믿는 하느님이나 우리 외부의 어떤 힘이 일이 어떻게 될 것인지를 미리 결정해 놓았다면, 기도하는 목적은 무엇일까?'**

신앙이 있는 사람들은 만일 하느님이 무엇을 뜻하신다면 하느님의 그 뜻은 이미 이루어진 것이라고 말할 것입니다. 그렇게 모든 것이 이미 결정되어 있다면 무엇 때문에 기도를 하는 걸까요? 어떤 사람이 몇 살에 암으로 고생하게 돼 있다면 어쩌자고 그의 건강을 위해서 기도하는 수고를 한단 말입니까? 기도는 시간만 낭비하는 것 아닐까요?

불교인들은 같은 질문을 업(業)과 연관해 제기합니다. 어떤 사람이 과거에 무슨 못된 짓을 했고 지금 병이 들었다면, 그것은 업이 작용했기 때문이라고 믿는 사람들이 있습니다. 만약 그렇다면 우리의 기도가 대체 무엇을 바꿀 수 있을까요? 우리의 업이 그런 것이면, 어떻게 업의 결과가 바뀔 수 있겠습니까. 그리스도교에서 '하느님의 뜻'이라고 말하는 것은 불교에서 '업의 인과응보'라고 말하는 것과 같은 것입니다.

 '어떤 신령한 존재가 형편을 지금 있는 대로 만들어 놓았다면 기도를 왜 하는 걸까?' 우리는 이 질문에 "왜 기도하지 않는가?"라고 되묻습니다. 불교에서 우리는 모든 것이 변한다고 배웁니다. 오늘 괜찮은 건강이 내일 나빠질 수 있고, 오늘 나쁜 건강이 내일 말짱해질 수 있습니다. 모든 것이 원인과 결과의 법칙에 따라서 진행됩니다. 그러므로 우리에게 새로운 에너지, 새로운 깨달음, 새로운 신앙이 있다면 우리 몸과 마음에 새로운 무대를 열어 줄 수 있는 것입니다. 몸과 마음이 하나 되어 앉기 명상을 할 때 우리는 사랑의 에너지를 할머니, 누나, 남동생에게 보내는 것입니다. 그렇게 하여 새로운 에너지를 만들고 그 에너지가 곧장 우리 가슴을 열어 주지요. 우리에게서 자비의 감로가 흐를 때, 그리하여 기도하는 이와 기도 받는 이 사이에 소통이 이루어지면, 프랑스 자두마을과 베트남 하노이 사이의 거리는 아무 의미가 없습니다. 이 연결은 사람의 말로 측정되거나 설명될 수 있는 것이 아닙니다. 시간과 공간은 어떤 장애물도 설치할 수 없습니다.

나와
하느님

우리와 하느님은 서로 동떨어져 있는 두 존재가 아닙니다. 그러므로 하느님의 뜻은 우리 자신의 뜻이기도 합니다. 우리가 바뀌기를 원하면 하느님은 우리가 바뀌는 것을 막지 않을 것입니다. 이를 두고 시인 응우앤 주는 이렇게 노래했지요.

필요하면 하늘은 사람들의 길을 가로막지 않으리.
과거 행실의 결과가 사라질 수도 있고
미래의 원인과 조건 들이 만들어질 수도 있다네.

진정한 질문은 이것입니다, '우리는 바뀌기를 원하는가, 원치 않는가?' 그대는 고통의 유혹에 계속 매달려 그대 마음이 꿈속에서 헤매기를 원합니까? 그대가 진심으로 바뀌기를 바란다면 그대가 믿는 신령한 존재도, 그가 누구든 간에 그대가 바뀌기를 기꺼이 바랄 것입니다.

　가족도 이와 같습니다. 가족 가운데 아무도 동떨어져 홀로 존재하지 않습니다. 아들이나 딸이 바뀌면 아버지와 어머니도 바뀝니다. 어떤 에너지가 아들이나 딸에게서 나와 그들을 먼저 변화시키면 그것이 뒤에 아버지와 어머니 마음에도 변화를 일으킬 것입니다. 가족은 서로 이어져 있기 때문입니다. 하느님이 무엇을 어떤 방식으로 사전에 조처해 놓았더라도 우리는 여전히 바뀔 수 있습니다. 왜냐하면 성경에서 말하듯이, "우리는 하느님의 자녀"이기 때문입니다(요한 1서 3:2).

　조물주와 피조물 사이의 관계란 무엇인가요? 하나는 창조하는 능력을 가졌고 다른 하나는 창조된 것입니다. 그 둘이 서로 연결되어 있으므로 우리는 그 둘에 대하여 주체와 객체라고 말할 수 있습니다. 그 둘이 서로 연결되어 있지 않다면 어떻게 그 둘을 주체와 객체라고 말할 수 있겠습니까?

　창조하는 주체는 하느님입니다. 창조된 객체는 우리가 살고 있는 우주고요. 왼쪽과 오른쪽, 밤과 낮, 배부름과 굶주림 사이에 긴밀한 관계가 있듯이, 주체와 객체 사이에도 긴밀한 관계가 있습니다.

　마찬가지로, 인식의 법칙에 따라서, 인식하는 쪽과 인식되는 쪽은 매우 긴밀하게 이어져 있습니다. 투사하는 앵글이 바뀔 때 투사되는 앵글도 동시에 바뀝니다. 우리가 하느님의 뜻이라고 부르는 것은 우리 자신의 뜻에 연결되어 있습니다. 그렇기 때문에 우리가 지난날에 저지른 행실의 응보가 바뀔 수 있는 것입니다.

네 번째 질문

믿음과
기도

이제 차츰 네 번째 질문이 드러납니다. '**기도가 눈에 띄는 결과를 가져
다주지 못하는 건 우리 믿음이 약해서인가?**'

성경에서는 믿음이 강하면 산도 옮길 수 있다고 말합니다. "너희
믿음이 적은 연고니라. 진실로 너희에게 이르노니 너희가 만일 믿음이
한 겨자씨만큼만 있으면 이 산을 명하여 여기서 저기로 옮기라 하여도
옮길 것이요 또 너희가 못할 것이 없으리라."(마태복음 17:20)

무엇을 기준으로 해서 우리 믿음이 충분하다고 또는 충분히 강하
다고 말하는 걸까요? 친구인 쥐를 잃은 소년의 경우 아주 강한 믿음으
로 기도를 시작했습니다. 하느님이 원하면 쥐를 다시 찾게 되리라고 정
말로 믿었습니다. 그때 누가 소년에게 믿음이 있느냐고 물었다면 소년
은 자기에게 큰 믿음이 있다고 답했을 것입니다. 소년은 여러 해 동안

엄마와 함께 밤마다 진심으로 기도를 해왔기 때문입니다. 그런데 왜 그 날에는 기도에 성공하지 못했을까요?

누군가는 그날 쥐를 향한 소년의 사랑이 진실하지 못했다고 말할 지도 모릅니다. 소년이 기도할 때 친구가 돌아오기를 바라는 자기 욕심을 채우고 싶어 했다는 뜻이지요. 그렇다면 우리의 기도가 열매를 맺지 못하는 것은 그 기도 안에 사랑이 없어서일까요?

물론 아닙니다. 하지만 우리가 바라고 기도한 결과가 그대로 이루어지지 않을 때가 자주 있습니다. 스스로 온 마음을 기울여 기도했다고, 몸의 세포들을 모두 동원하여 기도했다고, 혈관의 피 한 방울 아끼지 않고 기도했다고 생각하는데 여전히 그 기도가 이루어지지 않는 것입니다. 사랑하는 사람이 마지막 숨을 몰아쉬고 있을 때 그를 위해 기도하는 우리에게, 우리가 그를 사랑하지 않는다고 누가 감히 말할 수 있겠습니까? 우리는 정말로 사랑합니다.

그런데 깊이 들여다보면, 우리가 사랑이라고 부르는 것이 상대를 향한 사랑이 아닌 것을 보게 될 때가 있습니다. 상대가 아니라 자기를 향한 사랑인 것이지요. 우리는 사랑하는 사람을 잃고 혼자 남는 것을 두려워합니다. 만일 우리가 두려움과 외로움을 사랑으로 혼동한다면 그것이 진정한 사랑일까요? 아니면 그냥 하나의 욕망일까요? 우리는 사랑하는 사람이 살아서 자기가 외로워지지 않기를 욕망할 수 있습니다. 그것도 사랑이긴 하지요. 바로 자기 자신을 향한 사랑.

만약에 우리가 온 마음을 기울여 기도한다면, 비록 그 기도가 아픈 친구를 살려 내지는 못하더라도, 우리 안에서 무언가를 바꿔 놓을 수는 있습니다.

다섯 번째 질문
누구에게
기도하는가

이제 마지막으로 다섯 번째 질문, 위의 네 질문에 늘 따라다니는 질문이 남았습니다. **'우리는 누구에게 기도하는가? 우리 기도를 받는 이는 누구인가? 누가 알라인가? 누가 하느님인가? 누가 부처님인가? 누가 관세음보살님인가? 누가 성모님인가?'** 이 문제를 깊이 들여다보면 답이 나오기보다는 더 많은 질문들이 생겨나게 됩니다.

하나가 끝나고 다른 것이 시작되는 경계는 어디에 있는가요? 불교에서 가장 근본으로 삼고 있는 질문입니다. 이에 대한 답을 찾을 수 있다면 기도에 대한 질문들에 답하기가 별로 어렵지 않을 것입니다.

불교 수행 전통에서는 합장하고 절을 하며 기도할 때마다 우리가 누군지, 우리 앞에 앉아 있는 기도의 대상이 누군지를 알기 위하여 깊이 들여다볼 필요가 있습니다. 다른 무엇보다도 둘 사이, 예컨대 우리 자신과 부처님 사이의 관계가 어떤 것인지를 알아야 합니다.

부처님을 그대와 아무 관계도 없고 그대와 완전히 동떨어진 존재로 생각한다면, 그래서 그대는 여기 낮은 데 서 있고 부처님은 저기 높은 데 앉아 있다고 생각한다면, 그대의 기도와 예배는 허망한 것이 됩니다. 그 기도가, 홀로 떨어진 자아가 따로 있다는 그릇된 인식에 바탕을 두고 있기 때문입니다. 부처님이 그대와 동떨어진 존재이고, 부처님과 별개인 자아가 그대에게 있다는 인식에 근거한 예배는 '미신'이라는 이름 말고는 달리 부를 이름이 없습니다.

세상에서 가장 존귀한 부처님, 또는 그대가 섬기는 분의 상(像) 앞에서 두 손을 모아 기도할 때 마음으로 그분을 그려 보아야 합니다. 왜냐하면 지금 그대 앞에 있는 상은, 구리로 만들어졌든 옥으로 만들어졌든 다이아몬드로 만들어졌든, 하나의 상징물에 지나지 않기 때문입니다. 그 상은 그대 바깥에 있는 것처럼 보입니다. 하지만 부처님, 또는 그대가 섬기는 분은 그대 바깥에 있는 어떤 존재가 아닙니다. 그대와 그분은 서로 연결되어 있습니다. 그 연결성을 마음으로 그려 보아야 합니다.

불교에서는 짧은 노래나 기도를 게송(偈頌)이라고 부릅니다. 내가 속한 전통에는 마음으로 그릴 때 부르는 게송이 있습니다. 이렇게 시작하지요.

절하는 이와 절 받는 이가 본디 함께 비어 있네.

이는 부처의 성품과 중생의 성품이 비어 있다는 뜻입니다. 절하는 이와 절 받는 이의 성품이 같이 비어 있다는 생각이 그리스도교 신자들에게는 이상하게 들릴지도 모르겠습니다. 마음에 동요를 느끼는 분도 있겠지요. 세상에 어떤 종교가 교주에게, "당신은 비어 있다. 동떨어진 자아를 지니지 않았다."고 감히 말한단 말입니까. 하지만 여기서 '비어 있음'(한자로 '空' 산스크리트로 'śūnyatā')이란 말은 거기 아무것도 없다는 뜻이 아니라 '동떨어진 실체를 지니지 않았다'는 뜻입니다.

그대와 부처는 동떨어진 두 존재가 아닙니다. 그대가 부처 안에 있고 부처가 그대 안에 있습니다. 이와 같은 이해의 씨앗은 그리스도교와 다른 모든 종교 전통들 안에도 있습니다. 불교가 다른 건 이를 아주 간단명료하게 표현한다는 점이지요. '절하는 이와 절 받는 이가 함께 비어 있다.' 우리 가운데 누구도 별개의 자아를 지니지 않았습니다. 그러므로 다섯 번째 질문에 답하자면, 불교 안에서 기도할 때 우리는 우리 자신과 우리 바깥에 있는 누구에게 아울러 기도하는 것입니다. 둘 사이에는 다름이 없습니다.

진실로 수련에 정진하면, 모든 위대한 존재들이 지녔던 것과 같은 사랑, 마음챙김(지금 이 순간 몸과 마음에서 일어나는 것들을 깨어 있는 의식으로 온전히 알아차리기), 지혜가 우리에게도 있음을 볼 수 있습니다. 하느님과 우리는 본체가 같습니다. 하느님과 우리 사이에는 분별도 없고 차별도 없습니다.

마음챙김 에너지는 진짜 에너지입니다. 그리고 에너지가 쓰이는 곳에서 변화가 일어납니다. 예컨대 태양 에너지는 지구별의 모든 생명을 바꿀 수 있습니다. 우리의 마음챙김 또한 세계의 상황과 인류에 변화를 가져다줄 수 있는 에너지입니다. 그러므로 마음챙김 에너지를 만들어 낼 때 우리는 비로소 기도할 수 있게 됩니다.

나를
비춰 보는 기도

불교에 "경(經)을 암송하다"라는 말이 있습니다. 부처의 가르침인 경을 때로는 혼자서 부르고 때로는 동료 수행자들과 함께 부릅니다. 어떨 때는 침묵으로 암송하고 어떨 때는 크게 소리 내어 암송합니다. 마음챙김하며 믿음과 자비의 에너지로 암송할 때도 있지만 소리는 내되 말의 의미를 새기지 않고 앵무새처럼 되뇌는 때도 있습니다.

우리는 왜 경을 암송할까요? 첫째는 부처님이 우리에게 준 가르침에, 부처님의 깨달음에 닿기 위해서입니다. 경을 암송함으로써 우리는 자기의 의식 안에 있는 아름답고 좋고 생기 넘치는 것의 씨앗에 물을 주게 됩니다. 이렇게 경을 암송하는 것을 기도라고 해도 될까요? '기도'라는 말의 깊은 뜻을, 그러니까 마음챙김과 집중에 바탕을 둔 기도를 제대로 이해한다면 암송도 기도라고 말할 수 있을 것입니다.

불교에는 경을 암송하는 것 외에도 기도와 많이 닮은 노래들이 있습니다. 자두마을에서 부르는 〈낮이 안녕하기를, 그리고 밤이 안녕하기를〉도 그런 노래입니다.

낮이 안녕하기를, 그리고 밤이 안녕하기를.
낮과 밤 그 사이도 행복하기를.
분(分)마다 초(秒)마다 낮과 밤이 안녕하기를.
삼보(三寶)*의 축복으로
모든 중생이 보호받아 안전하기를.

네 가지 방식으로 태어난 온갖 중생이
정토에 살기를.
삼계(三界)**의 모든 생명이
연화좌에서 태어나기를.
수없이 많은 영혼들이
보살의 세 가지 고결한 지위에 이르기를.
온갖 중생이 은혜로이 쉽게
보살의 지위에 오르기를.

- '삼보(三寶)'란 '부처님, 부처님 가르침, 수행 공동체'를 뜻한다.
- '삼계(三界)'란 '탐욕의 세계, 물질의 세계, 선정의 세계'를 뜻한다.

세존의 장엄한 얼굴이

보름달처럼

해의 보주(寶珠)처럼 밝은 빛으로 환하네.

사랑과 자비,

기쁨과 평온을 담고서

지혜의 후광이 사방으로 퍼지네.

나무석가모니불

나무석가모니불.

이 노래를 그저 염원으로 볼 수도 있습니다. 하지만 암송이나 노래나 기도가 수련을 바탕으로 이뤄진다면 그것들은 공허한 염원에 그치지 않습니다. 이때 수련이란 마음챙김하며 경의 말씀에 집중하는 것입니다. 이 기도의 말들은 우리가 스스로 지니고 있는 힘에 바탕을 두고 있습니다. 우리 안에 수련하는 힘이 없으면 밖에서 오는 힘도 아주 없거나 거의 없습니다.

또 다른 노래, 〈세 가지 업장을 끝장내기 위하여 공덕을 베풀다〉에서 우리는 이렇게 노래합니다.

세 가지 업장(業障)*을 끝장내고

번뇌를 다스리겠다고 우리는 서원합니다.

사물을 있는 그대로 보고

지혜를 성취하겠다고 우리는 서원합니다.

이 업장들을 끝장내려는 우리의 염원이

모두에게서 두루 이루어지기를.

보살의 도(道)가 대대로 실현되기를.

업장들을 끝장내고 번뇌를 다스리겠다는 서원은 일종의 욕망입니다. 우리가 이 욕망을 부처님께 전하면 부처님은 고통에서 해방하여 지혜를 성취토록 우리를 도와줄 수 있습니다. 그런데 우리는 이 노래를 부르면서 그저 자기 욕망을 부처님께 떠넘기기만 하는 것이 아닙니다. 우리 안에 있는 힘을 모아서 그것을 우리 밖에 있는 힘과 하나 되게 합니다.

〈당신의 제자, 머리 숙여 절합니다〉라는 노래는 불교에서 어떤 마음으로 기도하는지를 잘 보여 줍니다. 불교에서는 수행에 바탕을 두고

• 세 가지 업장은 ① 세속적 욕망의 장애, ② 행위(업)의 장애, ③ 응보의 장애를 가리킨다. 번뇌는 마음의 평안을 깨뜨리고 고통과 착각을 가져다주는 좋지 않은 마음 상태다. 다른 번뇌들의 뿌리인 욕심, 성냄, 어리석음이 여기에 포함된다.

기도를 하며 우리 밖에 있는 힘과 우리 안에 있는 힘에 모두 의존합니다. 우리 안에 힘이 없으면 바깥의 힘도 없음을 우리는 압니다. 그 노래의 한 구절을 들려 드리겠습니다.

당신의 제자, 그동안 여러 생(生), 여러 겁(劫)*에 걸쳐
업, 탐욕, 분노, 교만, 무지, 혼란, 과오에 사로잡혀 있다가
오늘 고맙게도 부처님을 알게 된지라,
제 잘못을 인식하고 진지하게 다시 시작합니다.

우리에게 일어나는 진실은 무엇일까요? 이 가사를 통해 그것을 거울에 비춰 볼 수 있습니다. 수행자들은 마음챙김이라는 빛을 비추어 자기를 들여다봅니다. 노래를 부르며 우리는 자기 자신이 과거에 얼마나 미숙했는지를 알아차립니다. 부처님의 자비라는 빛이 환히 밝혀 주므로, 노래를 부르며 스스로 어디에서 잘못했는지를 봅니다. 그리고 같은 짓을 더 이상 하지 않겠다고 결심합니다. 건전치 못한 행동을 끊고 건전한 행동을 하겠다고 서원합니다. 이 가사는 부처님의 가르침을 배워 삶 속에서 실현할 능력이 우리에게 있음을 기억하게 해줍니다.

● 불교에서 쓰는 시간 단위로, 돌고 도는 세계의 끝없이 긴 세월을 뜻한다.

다른 노래도 소개해 드릴까요? 베트남에서는 초등학생들도 잘 아는 유서 깊은 기도입니다.

자비로 우리를 지켜 주시는
부처님 은혜 의지하여
우리 몸이 병들지 않기를,
우리 마음이 괴롭지 않기를.

기도를 하는 이유와 수행을 하는 이유는 같습니다. 모두 삶의 두 면(面)인 몸과 마음이 건강하도록 하기 위함입니다. 우리는 왜 몸이 병들지 않고 마음이 괴롭지 않기를 바랄까요? 감각적인 욕구를 채우고 싶어서는 아닙니다. 몸과 마음이 건강해야만 날마다 경이로운 부처님 가르침을 행복하게 닦고, 태어남과 죽음의 사슬에서 얼른 벗어날 수 있기 때문입니다. 우리는 사물의 본성을 꿰뚫어 보고 온갖 살아 있는 존재를 자유롭게 해주는 맑은 마음을 깨치고자 수행합니다. 이것이 우리의 큰 서원이지요.

기도로
타인을 바꿀 수 있을까

최근에 자두마을에 한 수행자가 찾아왔습니다. 그녀는 암으로 위독한 상태였습니다. 오랜 세월 나와 가까운 친구로 지내 온 자두마을의 짠 콩 자매가 그 수행자와 얘기를 나누다가 그녀 할머니와 할아버지가 아흔네 살과 아흔다섯 살까지 살았다는 말을 들었습니다. 짠 콩 자매는 그녀에게, "할머니 할아버지, 오셔서 저를 도와주세요."라고 기도하길 권했습니다.

이렇게 기도하는 것은 우리 몸이 할머니와 할아버지의 몸이기 때문입니다. 할머니 할아버지는 세상을 떠나셨을 수 있지만 그분들의 건강한 세포는 우리 안에 아직 살아 있습니다. 그러니 그분들께 도와 달라고 할 수 있는 것입니다. 할머니 할아버지를 부를 때 우리는 그분들이 우리와 한 몸인 것을 분명히 압니다.

한번은 저녁에 앉기 명상을 하다가 베트남 하노이에서 많이 앓고 있는 잠 응우앤 자매에게 에너지를 보냈습니다. 자비를 수련할 때, 자비에 마음을 모아 명상을 할 때, 우리는 사랑을 실천하는 것입니다. 나처럼 에너지를 보내는 것도 기도입니다. 잠 응우앤 자매는 말끔히 회복되었습니다만 그것은 내가 말하려는 골자가 아닙니다. 나는 우리 가슴이 사랑으로 충만할 때, 그때 우리가 이 세상에 더 많은 사랑과 평화와 기쁨을 만들어 보내는 것이라는 점을 말하고 싶습니다.

우리가 사랑과 자비의 에너지를 다른 사람들에게 보낼 때, 이를 상대방이 아느냐 모르느냐는 문제 되지 않습니다. 중요한 것은 거기 에너지가 있고 사랑하는 가슴이 있고 그것이 세상으로 보내진다는 사실입니다. 사랑과 자비가 우리 안에 있고 그것을 밖으로 전할 때, 우리는 진정으로 기도하는 것입니다.

사랑을 밖으로 전하는 동안 우리는 자기 가슴에서 일어나는 변화를 느낍니다. 기도가 우리 안에 열매를 맺는 것이지요. 잠 응우앤 자매가 이곳 자두마을에 있을 때 다른 자매들이 그녀를 지극정성으로 보살펴 주었습니다. 그 모든 사랑과 에너지가 아직도 그녀와 우리 모두 안에 남아 있습니다. 우리가 자기 안에 있는 그 에너지에 접속되면 더 많은 에너지로 다른 사람들의 몸과 마음을 치유할 수 있습니다.

다른 사람들의 건강이나 행복을 위해서 기도할 때도 있지만 그냥 그들이 바뀌기를 기도할 때도 있습니다. 타이베이에 사는 한 부인은 남편이 도박을 너무 좋아해서 고통을 겪고 있었습니다. 불교인인 그녀는 날마다 절에 가서 남편이 도박을 하지 않게 해달라고 기도드렸습니다. 부부는 날이면 날마다 힘들고 괴로웠습니다. 부인은 생각했습니다. '나는 밤낮으로 식구들 돌보느라 온갖 고생 다하는데 남편이란 사람은 돈만 내다 버리고 처자식은 안중에도 없다니!' 그녀는 돈이나 성공이나 건강을 구하지 않았습니다. 단지 누군가가 자기 남편이 도박에서 손을 떼게 도와주기만을 기도했습니다.

그런데 그녀가 절에 가서 남편이 도박을 하지 않게 해달라고 기도하는 것이 전부라면, 과연 그 기도에 효력이 있을까요? 불교는 우리에게 기도와 실천을 함께 하라고 가르칩니다. 기도에는 마음챙김, 집중, 깨달음, 사랑 어린 친절 그리고 자비가 들어 있습니다. 분노, 원망, 질투는 거의 없습니다. 우리는 전화선에 전류가 흐르게 하기 위하여 마음챙김, 집중, 깨달음, 사랑 어린 친절 그리고 자비의 에너지가 필요합니다. 그렇지 않고서야 어떻게 우리의 기도가 상대방의 귀에 닿을 수 있겠습니까. 만일 자기와 남편이 서로 긴밀하게 이어져 있고 자기의 행동과 남편의 행동이 서로 묶여 있음을 알았더라면, 그 부인은 자기를 괴롭히는 문제를 좀 더 깊이 꿰뚫어 볼 수 있었겠지요.

어떻게 기도하고 있습니까? 우리는 입으로 기도하고 생각으로 기도합니다. 하지만 그것만으로는 부족합니다. 우리는 몸으로 말로 생각으로 그리고 일상생활로 기도해야 합니다. 마음이 깨어 있을 때 우리의 몸과 말과 생각은 하나가 됩니다. 몸과 말과 생각이 하나 되었을 때 우리는 힘든 상황을 바꿀 수 있는 믿음과 사랑의 에너지를 만들어 냅니다.

효과적인 기도의
두 가지 조건

효과적인 기도를 만드는 많은 요인들이 있습니다. 그 가운데 특히 두 가지가 중요합니다. 하나는 우리 자신과 기도를 받는 이 사이에 관계를 정립하는 것입니다. 마치 전화를 걸고자 할 때 전화선에 전류가 흐르도록 하는 것과 같은 이치지요.

앞에서 물었습니다. "우리는 누구에게 기도하는가?" 그리고 답했지요. "기도하는 이와 기도 받는 이가 서로 동떨어질 수 없는 두 존재"라고. 이것이 불교의 근본입니다. 불교뿐 아니라 다른 모든 종교에도 오랜 수련 끝에 이 진실을 깨친 이들이 많을 것으로 확신합니다. 그들은 우리 안에 하느님이 있는 것을 봅니다. 하느님이 우리고 우리가 하느님입니다. 앞에서 소개한, 마음으로 그릴 때 부르는 게송의 첫 구절은 이렇게 이어집니다.

절하는 이와 절 받는 이가 본디 함께 비어 있네.

그런즉 우리 사이의 소통이 말할 수 없이 완벽하구나.

효과적인 기도의 첫 번째 요인은 기도하는 우리와 기도 받는 이 사이에서 이루어지는 소통입니다. 우리와 우리 기도를 받는 이가 이미 연결되어 있기 때문에 둘 사이의 소통은 시간이나 공간에 의존하지 않습니다. 이 사실을 깊이 바라볼 때, 소통이 즉시 이루어지면서 서로 연결됩니다. 전류가 선을 타고 흐르는 것이지요.

텔레비전 방송국에서 위성으로 쏘아 올린 전파는, 공중을 통과하는 얼마간의 시간이 흐른 다음 안방 텔레비전 세트로 돌아옵니다. 이 사실을 우리는 알고 있지요. 이와 달리 기도로 이루어지는 소통은 완벽하게 시간과 공간을 벗어납니다. 기도에는 위성이 필요 없습니다. 결과가 이루어지기까지 하루나 이틀을 기다리지 않아도 됩니다. 결과는 언제나 즉시 이루어집니다. 인스턴트 커피를 마실 때도, 말은 인스턴트라 하지만 물 끓이는 데 시간이 좀 걸리고 그래야 커피를 마실 수 있습니다. 하지만 기도할 때는 기다릴 필요가 전혀 없습니다.

기도에 꼭 필요한 두 번째 요인은 에너지입니다. 전화선에 연결되었으니, 이제 필요한 것은 그 안으로 전류가 흐르게 하는 일이지요.

기도에 필요한 전류는 사랑, 마음챙김 그리고 올바른 집중입니다.

마음챙김은 우리 몸과 마음을 진정으로 현존케 합니다. 몸과 마음이 지금 이 순간이라는 한곳으로 모이는 것이지요. 이것이 제대로 이루어지지 않으면 아무리 신앙이 있어도 기도가 불가능합니다. 그대가 여기 없는데 대체 누가 기도를 한단 말입니까?

효과적인 기도를 하려면 우리 몸과 마음이 지금 이 순간에 평화로이 함께 있어야만 합니다. 마음챙김할 때 그대는 집중하고 있습니다. 이것이 깨달음과 초월적인 지혜를 말하는 '반야'(般若, prajña)로 우리를 인도하는 데 필요한 조건입니다. 이것이 없으면 우리의 기도는 한낱 미신에 지나지 않습니다.

2

기도의
이유

건강과 성공에 관한 진실

수행자의 기도

함께 하는 기도의 힘

건강과
성공에 관한 진실

우리는 모두 소원과 욕망을 품고 있습니다. 그리고 그것들은 흔히 기도의 동기가 됩니다. 우리는 감사의 기도를 드릴 수도 있고 밝은 길로 인도해 달라고 간청할 수도 있습니다. 사람들은 먼저 자기를 위해서 기도하고 다음으로 자기가 사랑하는 이들을 위해서 기도합니다. 모르는 사람들, 특히 미운 감정이 느껴지거나 자기와 자기가 사랑하는 이들을 힘들게 하는 사람들을 위해서 기도하는 경우는 보기 드물지요.

　사람들은 대체로 무엇을 원할까요? 먼저 건강을 원합니다. 몸이 아프면 할 수 있는 일이 별로 없기 때문입니다. 다음으로 자기가 하는 일이 무엇이든 간에 그 일에 성공하기를 원합니다. 스님도 사업가도 성공을 원하지요. 대부분 사람들이 그다음으로 원하는 것은 좋은 인간관계 또는 사랑입니다. 남들과의 관계가 아름답지 않으면 인생이 행복해질 수 없습니다. 그래서 우리는 날마다 다른 사람들이나 자기 자신과의 관계가 조화롭기를 기도합니다. 이 세상 어느 나라에 살든지, 젊었든지 늙었든지 간에 거의 모두 이 세 가지를 원하고 있습니다.

그럼 건강부터 생각해 볼까요. 우리 모두 완벽한 건강을 원합니다. 그러나 완벽한 건강이란 하나의 관념일 뿐입니다. 인생에서 실현될 수 있는 것이 아니지요. 우리가 아직 살아 있는 것은, 과거에 병으로 건강이 나빠졌을 때 그 일을 계기로 우리 몸이 그 병을 이겨 내는 면역력을 갖춘 덕분입니다. 병을 앓아 보지 않은 사람은 거의 없습니다. 우리는 끊임없이 병들지요. 특히 어렸을 때 더욱 그렇습니다. 바이러스와 박테리아는 언제 어디서나 살아 있는 생명체를 위협합니다. 현미경으로나 보이는 미생물들이 공기에 물에 우리가 먹는 음식에 항상 존재합니다. 몸을 포위한 미생물들로부터 늘 공격당하고 있기 때문에 우리는 자신을 보호하고 방어하는 항체들을 만들어 낼 수 있습니다. 우리가 우리 자신을 보호하고 계속 살아갈 수 있는 것은 몸에 병이 들기 때문입니다.

그러니 병들지 않고 건강하기만 바랄 일이 아닙니다. 병 없으면 건강도 없습니다. 우리는 이 사실을 제대로 인식하고 우리에게 있는 질병들과 더불어 평화롭고 기쁘게 살아야 합니다. 아랫배에 가스가 좀 차 있어도 우리는 계속 기도할 수 있습니다. 위에 통증이 있거나 등줄기가 아파도 평화와 기쁨을 위하여 기도할 수 있습니다. 그것이 수행이라고 불리는 것입니다.

지금 그대에게 있는 편찮음은 그대로 수행의 기회입니다. 건강이 완벽할 때에만 기도나 명상을 한다면 결코 평화와 기쁨을 만들어 낼 수 없을 것입니다. 몸에 깃든 질병과 평화롭게 지내겠다는 약속을 하고 병든 몸과 더불어 평화롭게 살 수 있어야 합니다. 물론 수행을 잘하려면 최소한의 건강을 유지해야 합니다.

우리는 나무 수백 그루가 자라는 아름다운 동산을 가꿀 수 있습니다. 소나무, 전나무, 참나무, 보리수, 미루나무, 배나무, 사과나무, 대나무… 그중에 서너 그루가 죽거나 병들 수 있지만 그렇다고 해서 동산이 더 이상 아름답지 않은 건 아닙니다.

우리 몸도 그와 같습니다. 그대의 눈은 아직 성한가요? 폐는 아직 괜찮은가요? 두 발은 아직 그대 몸을 여기에서 저기로 옮겨 놓을 수 있는가요? 무함마드, 부처, 예수도 배앓이를 할 때가 있었습니다. 병과 죽음은 삶의 한 부분입니다.

이제 기도의 두 번째 목적인 성공을 살펴보겠습니다. 누구나 성공을 원합니다. 상인들은 장사에 성공하기를 원하고, 작가들은 유명해져서 자기 책이 많이 팔리기를 원하고, 영화 제작자들은 자기 영화가 많은 영화관에서 상영되기를 원합니다. 모든 사람이 자기가 하는 일이 잘되기를 원합니다.

새해가 밝으면 우리는 하는 일이 번창하기를 기원합니다. 그런데 과연 사업 번창이 행복에 반드시 필요한 근본 요소인가요? 이는 물어볼 가치가 있는 질문입니다. 한 사람의 번창이 다른 누구의 번창을 방해하는 경우는 얼마든지 있습니다. 수많은 것들은 다만 상대적 가치를 지닐 뿐입니다. 자기가 남들보다 더 많이 가지고 있다는 이유로 번창했다고 느낄 수 있는 것이죠. 어쨌거나 우리는 어떤 것은 남들보다 더 많이 갖고, 어떤 것은 덜 가질 수밖에 없습니다. 그러므로 남들보다 더 많이 가져야만 번창한 것이라면 그 번창은 우리를 행복으로 데려가지 못할 것입니다. 따라서 우리가 번창을 위해서 기도한다면 건강을 위해서 기도하는 만큼만 하는 것이 좋습니다. 지금 이 순간을 즐기는 데 충분한 만큼 음식과 따뜻한 옷을 달라고 기도하는 것이지요.

행복은 사업 번창이 아니라 좋은 인간관계에서 오는 것일 수 있습니다. 사랑이 없으면 행복할 수 없기 때문입니다. 우리는 사랑하는 사람들, 가족, 마을 사람들이 서로 사랑하고 화목하게 지내기를 자주 기도합니다. 그렇다면 더 좋은 인간관계를 위해 할 수 있는 일이나 기도가 있을까요? 어떻게 기도를 해야 그렇게 될까요? 인간관계를 좋게 하는 기도의 공식 같은 게 있을까요?

수행자의
기도

비록 기도가 생활화되어 있지 않거나 영성 수련이 인생에서 큰 비중을 차지하지 않는다 해도, 우리는 건강과 재물과 좋은 인간관계를 위하여 기도합니다. 그런데 수도승이나 영성 수련을 치열하게 하는 사람들에게는 이와는 다른 기도의 목적이 있습니다. 그것의 한 예가 불교인들의 노래 〈제자, 몸 굽혀 땅에 엎드립니다〉에 나옵니다.

태어남과 죽음을 넘어서고자
불생불멸을 이루고자

물론 삶을 영성 수련에 바친 이들도 건강, 성공, 조화를 위해서 기도합니다. 하지만 그들은 그것만으로는 만족하지 못합니다. 영성 수련이 깊어질수록 다음과 같은 것들을 분명하게 알고 싶은 마음이 생겨나기 때문입니다. '나는 어디에서 왔는가? 왜 지금 여기에 있는가? 나는 어디로 갈 것인가? 죽은 뒤에도 계속 존재할까, 아니면 더 이상 존재하지 않을까? 나와 부처님, 나와 하느님 사이에 무슨 관계가 있는 걸까? 무엇이 내가 지금 여기에 존재하는 근본 목적인가?' 자기 삶을 영성 수련에 바친 사람들은 이런 의문을 품게 되고, 이를 해결하기 위해 기도를 합니다.

수행을 하면서 건강과 성공과 좋은 인간관계만을 위하여 기도한다면 아직 진정한 수행자라 하기 어렵습니다. 진정한 수행자는 더 깊은 차원에서 기도해야 합니다. 우리는 존재하는 모든 것이 서로 의존하고 있다는 사실을 생활 속에서 깨우칠 때까지 수행을 해야 합니다. 영성 수련을 하는 우리들의 가장 큰 바람은 사물의 본질을 발견하고 그것에 가닿는 것입니다. 이 바람이 충족된다면, 몸이 건강하든 건강치 못하든 계속 행복할 수 있습니다. 하는 일에 성공하든 실패하든 괴롭지 않습니다. 행복이 자기의 건강이나 성공에 의존하지 않을 때, 우리는 남과 덜 다투게 되고 그들을 괴롭히지도 않을 것이며 좋은 인간관계가 저절로 이루어질 것입니다.

그러면 이런 기도가 다른 까닭은 무엇인가요? 바로 기도의 차원이 다르기 때문입니다. 우리가 궁극의 경지인 열반에 이르렀을 때, 또 하느님을 만났을 때, 그때 우리는 지금 여기에서 어떤 일이 일어나든지 모두 받아들일 수 있습니다. 우리는 이미 기쁨과 평화의 땅에 들어섰고 더 이상 고통 받을 필요가 없습니다. 앞으로 십 년을 더 살든 오 년을 더 살든, 그런 건 아무래도 좋습니다. 그때, 세상을 보는 우리 눈이 달라져 버렸기 때문입니다.

만일 기도하지도 않고 영성 수련이 깊지도 않다면, 세상에서 원하는 것을 얻지 못할 때 몹시 괴로울 것입니다. 하지만 사물의 본질에, 그것의 그러함(如如)에 도달했다면, 원하는 것을 이루지 못해도 문제가 되지 않습니다. 전에는 원하는 것을 이루지 못했을 때 인생 자체가 망가져 버렸다는 생각이 들었겠지만, 궁극의 차원에 이른 지금은 절이나 수련원에 불이 나도, 사람들이 우리 명예를 더럽히고 우리를 질투하고 우리를 부당하게 비난해도, 여전히 웃고 평상시와 다름없는 평화와 기쁨을 누릴 수 있습니다. 전에 성공이라고 생각하던 것, 행복한 인생의 근거라고 생각하던 것들이 더 이상 필요치 않게 됩니다. 왜냐하면 우리의 행복이 이미 거기 궁극의 차원에 있기 때문입니다. 그 행복은 성공과 실패에 대한 모든 기존 관념을 넘어서 있습니다.

우리 자신을 포함해 이 세상의 모든 생명이 하나이며 한 본성임을 알고 있는데 어떻게 너와 나로 나뉠 수 있겠습니까? 어떻게 조화가 결핍될 수 있겠습니까? 하느님과 부처님과 우리가 하나인데 그 어떤 분열이 가능하겠습니까? 수행자의 가장 깊은 염원은 궁극의 차원에 이르는 것입니다. 일단 궁극의 차원에 이르면 건강은 저절로 좋아지고, 남을 돕는 일과 수련에 성공하고, 모두가 어울려 살아가는 평화롭고 즐거운 사회를 만들 수 있습니다. 바라는 일이 이루어지지 않을 때에도 그것을 고통과 괴로움으로 여기지 않을 것입니다.

수행자의 기도는 매우 깊은 차원에서 이루어집니다. 영성 수련을 하는 사람은 자기의 건강과 성공, 심지어 사랑하는 사람과의 관계조차도 가장 중요한 것이 아님을 압니다. 수행자에게 **가장 중요한 것은, 궁극의 차원으로 들어가서 자기와 자기를 둘러싼 세상 모든 현상이 서로 어떻게 이어져 있는지를 보는 능력입니다.**

기도할 때 우리는 지혜를 갖추고 있어야 합니다. 거의 모든 사람들은 기도할 때 하느님이 자기를 위해서 무엇을 해주시고 사랑하는 이들에게 이것 또는 저것을 내려 주시기를 바랍니다. 하느님이 이렇게 저렇게 해주시면 참 행복하겠다고 생각합니다. 하지만 만물은 저마다 수많은 조각들로 이루어져 있습니다. 그리고 태어났으면 반드시 죽어야 합니다. 우리에게 이 평형(平衡)을 유지할 만한 지혜가 있는가요, 없는가요? 그런 능력이 없다면 우리의 기도는 한낱 자신의 어리석음이나 탐욕을 드러낼 따름입니다.

기도 목록을 만들고서 하느님이나 부처님이나 알라가 그것을 이루어 주기를 바라는 건, 삶에 대한 깊은 이해와 자비가 부족할 때 우리에게 일어나는 일입니다. 우리는 깊이 들여다보아서 부분이 아니라 전체를 염두에 두고 기도해야 합니다.

함께 하는
기도의 힘

기도를 처음 시작할 때는 기도를 아직 잘하지 못할 수 있습니다. 그렇더라도 우리는 이미 어떤 에너지를 만들어 내고 있는 것입니다. 깨어 있는 마음으로 규칙을 지키고 집중하고 통찰하기를 계속하면 우리의 기도는 점점 더 힘 있고 강력해질 것입니다.

어떻게 하면 우리의 기도 속에 지혜가 담길까요? 지혜는 자비, 이해, 마음챙김의 에너지가 있을 때 더 잘 살아납니다. 우리는 자신만을 바꾸는 게 아니라 집단의식(collective consciousness)도 바꿉니다. 집단의식이 모든 변화의 열쇠입니다.

미국의 의사요 저술가인 래리 도시는 자신의 책 『치료하는 기도』(Healing Words)에서, 집단의식은 통신위성과 같지 않다고 말했습니다. 우리는 다른 어디로 기도를 보낼 필요가 없습니다. 하느님이 어디에나 계시기 때문에, 하늘에 떠 있는 통신위성을 통하여 하느님을 중계할 필요가 없습니다. 기도는 시공간의 제약을 받지 않습니다. 래리 도시가 '없는 곳 없는 하느님'이라고 부르는 집단의식을 불교에서는 '한 마음' (one mind)이라고 부릅니다. 그 '저장하는 마음'* 안에서 부처와 우리는 하나입니다.

개인의식이 바뀌면 집단의식도 바뀔 것입니다. 집단의식이 바뀌면 개인의 형편이 바뀔 수 있고, 우리가 바뀌기를 기도하는 대상인 사랑하는 사람의 형편도 바뀔 수 있습니다. 불교에서 모든 것이 마음으로 빚어진다고 말하는 이유가 여기에 있습니다. 변화를 원한다면 마음으로 돌아가야 합니다. 마음은 에너지를 생산하는 기지입니다. 마음이라고 불리는 이 발전소를 기반 삼아 우리는 세계를 바꿀 수 있습니다. 스스로 만들어 낸 진짜 힘으로 말이지요. 이것이 가장 효과적인 기도 방법입니다.

불교 전통에서는 개인이 하는 기도보다 수행 공동체에서 함께 하는 기도에 더 큰 힘이 있다고 알려져 있습니다. 부처님의 큰 제자들 가운데 목갈라나가 있었습니다. 그는 어머니가 지옥에서 고통당하는 것을 알고 마음고생이 심했습니다. 그러자 부처님이 그에게 수행 공동체의 기도에 귀의할 수 있음을 일러 주었습니다. 우리에게는 자신이 원하는 바를 이

• '한 마음'이 모든 존재의 씨앗을 저장하고 있다는 뜻에서 붙여진 이름이다.

루어 내는 능력이 있으며, 우리 에너지를 부처님의 마음에 보낼 수도 있습니다. 하지만 수행 공동체와 더불어 둘이나 다섯 아니면 백 명이 함께 에너지를 보낼 때 그 에너지가 훨씬 더 강하게 작용합니다.

우리는 기도합니다. 그런데 가끔 커다란 고난이 들이닥쳐 더 큰 에너지가 필요한 때가 있습니다. 우리가 보내는 개인의 에너지도 이미 한 몫을 하고 있지만, 우리가 자유롭고 건전한 수행 공동체에 들어 있고 함께 에너지를 보낼 수 있으면 분명 그 효력이 훨씬 클 것입니다.

공동체의 모든 구성원이 우리와 더불어 기도하는 그 장면은 우리 인생에서 의미심장한 순간일 수 있습니다. 그때 우리는 기도하는 공동체의 한 멤버입니다. **우리의 집중된 마음이 궁극의 실재로 들어가는 문의 열쇠라면, 함께 수행하는 동료들의 집중된 마음은 그보다 큰 열쇠입니다.** 백 명 또는 천 명의 수행자로 이루어진 공동체가 몸과 말과 마음으로 짓는 행동을 깨끗하게 하는 수련을 함께 할 때, 그리하여 몸과 마음을 하나로 모아 에너지를 보낼 때, 거기에서 생성된 에너지는 매우 강력해서 우리가 업이라고 부르는 것에, 우리 행실의 원인과 결과에, 변화를 일으킬 것입니다.

3

기도하는
영혼에 대하여

하느님과 부처님은 둘이 아니다

세 가지 열쇠

하느님, 부처님과의 접속

몸, 마음이 하나 된 기도

곁에 있는 이에게 기도한다는 것

나는 부처님과 함께 걷는다

나무와 별과 달에 기도하기

눈에 보이지 않는 결과

주님의 기도

하느님과 부처님은
둘이 아니다

불교의 눈으로 보면, 우리의 기도를 받는 이는 우리의 안과 밖에 모두 있습니다. 부처님도 우리 마음 안에 있고 하느님도 우리 마음 안에 있습니다. 하느님이 밖에만 있다고 생각하는 것은 잘못입니다.

기도하는 사람을 문자 A로, 그 기도로 바꾸고자 하는 사람을 문자 B로, 하느님을 원(圓)으로 나타내어 하나의 도안을 그릴 수 있습니다. 이 원과 우리의 관계에는 두 가지가 있습니다. 먼저, 하느님을 동떨어진 존재로 보면 우리는 하느님에게 기도를 보내고 하느님은 그것을 우리가 기도로 바꾸고자 하는 대상에게 보냅니다. 이와 달리 우리는 A와 B를 같은 원 안에 넣을 수도 있습니다. 이렇게 함으로써 우리와 부처님, 우리와 하느님이 둘이라는 생각에서 생겨난 잘못된 인식의 층 하나를 걷어 낼 수 있습니다.

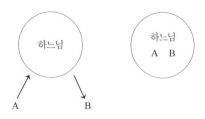

하느님, 기도하는 사람, 기도의 대상 사이의 관계

집단의식은 개인의식으로 형성되고, 개인의식은 집단의식으로 형성됩니다. 둘이 서로를 가능케 합니다. 어느 하나가 먼저 있고 다른 하나가 나중에 있는 게 아닙니다. '아래' 없는 '위' 없고, '바깥' 없는 '안' 없습니다. 둘이 동시에 있어야 합니다. '나'와 '우리'도 마찬가지지요. 둘이 서로를 가능케 합니다. "이것이 있어서 저것이 있고, 저것이 있어서 이것이 있다." 부처님의 가르침입니다.

그리스도교와 유대교에서는 이 '없는 곳 없는 현존'을 '하느님'이라고 부를 수 있습니다. 하느님과 부처님은 서로 다른 둘이 아닙니다. 말과 표현이 우리를 속이게 놔둬서는 안 됩니다. 중요한 것은 우리가 실재와 접할 수 있다는 사실입니다. 껍질을 벗겨 먹는 노란 열매 가운데 베트남어로는 '추이'라 부르고 영어로는 '바나나'라 부르는 것이 있는데, 둘은 같은 과일입니다. 서로 다른 말들이 같은 것을 가리키고 있지요.

세 가지
열쇠

사랑하는 이가 고통을 당하거나 위험에 처했다고 가정해 봅시다. 어떤 마음이 듭니까? 사랑하는 이를 좋은 에너지로 감싸서 그가 보호받도록 해주고 싶을 것입니다. 하지만 혼자 힘으로는 그러기 어렵습니다. 그래서 기도합니다.

기도할 때 우리는 하느님에게 가닿기를 바랍니다. 그럴 때 우리는 불교의 세 가지 열쇠들 가운데 하나를 사용할 수 있습니다. 한 고리에 묶여 있는 그 열쇠들을 삼법인(三法印)이라고 부릅니다. 바로 무상(無常), 무아(無我), 열반(涅槃)입니다. 이 세 가지 열쇠는 매우 경이로운 도구여서, 우리가 어디에 있든지 진귀한 보물로 가득한 보물창고로 들어가는 문을 열어 줍니다.

모든 종교 전통들에선 어떤 식으로든 무상을 말합니다. 세상에 영원히 존속되는 것이 없음을 우리는 알고 있습니다. 무아는 무상의 다른 얼굴입니다. 사물들은 무상하여 끝없이 바뀝니다. 다른 무엇에 의존하지 않고 혼자서 존재하는 것은 없습니다. 기도하는 쪽도 기도 받는 쪽도 모두가 비어 있습니다. 어느 쪽에도 독립된 자아가 없습니다. 집단의식과 개인의식도 마찬가지입니다. 집단의식에서 떨어져 나온 개인의식은 없지요.

무아에 대한 깨달음 덕분에 우리는 기도하는 이와 기도의 대상과 하느님이 동떨어져 있지 않음을 알 수 있습니다. 우리가 여기 없다면 어떻게 저기 있는 하느님을 알 수 있겠습니까? 무아의 원리야말로 경이로운 열쇠입니다. 우리의 물질적인 일상생활과 정신적인 궁극의 차원 사이에 설치된 장벽을 치워 주기 때문이죠.

세 번째 열쇠는 열반입니다. 무엇이 열반입니까? 우리가 지금 살고 있는 이 태어남과 죽음의 세계로부터 동떨어진 어떤 것이 열반인가요? 열반과 태어남/죽음은 별개의 두 실체인가요? 서로 다른 이름으로 불리기는 하지만, 무아라는 열쇠를 손에 넣으면 그 둘이 하나임을 보게 됩니다.

그 둘은 물결과 물의 관계와 같지요. 물결은 물과 다릅니다. 하지만 물결 없는 물 없고 물 없는 물결 없습니다. 물결과 물은 서로의 안에 있습니다. 이 물질세계 안에서 우리는 그것을 태어남과 죽음의 세계라고 부릅니다. 그러나 궁극의 차원인 본성에 연관 지어 말하면, 우리는 이 세계를 '열반'이라고 부를 수 있습니다. 만일 우리가 **새, 나무, 사람, 꽃과 우리를 둘러싼 모든 현상들의 자유롭고 끊임없이 새로워지고 한결같은 본성을 깊이 만날 줄 안다면, 이 현상계를 통하여 궁극의 차원인 열반에 이를 수 있을 것입니다.**

삼법인은 불교의 가르침입니다. 하지만 나는 삼법인을 바탕으로 그리스도교, 유대교, 이슬람교를 비롯한 다른 종교들을 이해해 왔습니다. 삼법인으로 많은 문들을 열어 그리스도교 및 다른 종교 전통들의 가르침에 담긴 수많은 보화를 발견할 수 있었습니다. 삼법인에 대한 가르침은 성경과 코란에도 있습니다.

하느님,
부처님과의 접속

하느님과 만나려면 깊이 들여다볼 수 있어야 합니다. 독일 태생 미국 신학자 폴 틸리히가 말한 것처럼 하느님은 존재하는 모든 것의 바탕, 존재의 근거니까요.

그의 정의에 따라 하느님이 존재의 바탕이라면, 존재는 무엇인가요? 존재는 하느님의 피조물입니다. 그런즉 하느님의 피조물에 접하지 않고서는 하느님과 이어질 방도가 없습니다. 우리는 하느님의 피조물을 통해서 하느님과 만날 수 있습니다. 기도할 때, 우리는 이 현상세계를 통하여 존재의 근거에 접속됩니다.

석가모니 부처님은 하나의 현상입니다. 이름과 생일이 있고 부모가 있고 사망일이 있는 한 인간입니다. 그가 태어나서 자라고 수행하고 제자들을 가르친 곳이 이 지구별 어딘가에 있습니다. 하지만 부처님의 본질은 '부처의 성품'〔佛性〕입니다. 우리 모두가 부처의 성품을 지니고 있습니다. 법화경에서 부처님은 그것을 이렇게 말씀하셨지요.

"살아 있는 모든 중생에게 부처 될 가능성이 있다. 중생의 본성이 곧 부처의 본성이다."

부처님에게 기도할 때 우리는 부처의 성품에 접속됩니다. 자기 자신에게 기도할 때에도 부처의 성품에 접속되지요.

몸, 마음이
하나 된 기도

마음으로 하는 기도에 대해 많이 들어 보셨지요? 몸으로 하는 기도에 대해서는 어떠신가요? 몸으로 하는 기도도 마음으로 하는 기도 못지않게 중요합니다.

불교인이나 그리스도교 수도자 들은 기도할 때 무릎을 꿇고 두 손을 모으고 머리를 숙입니다. 몸과 말과 마음으로 하나 되어 온전하게 현존하는 것이 기도의 본질입니다. 말로 하는 기도만으로는 충분치 못합니다. 기도에 효력이 있으려면 정신과 육신이 함께 모여야 합니다. 어쩌면 불교, 이슬람교, 그리스정교 같은 종교들이 절하는 것을 기도에 포함시키는 이유가 여기 있는지도 모릅니다. 에고를 낮추고 자기를 위쪽에 열어 놓고 땅바닥에 밀착시키는 몸짓이 절입니다.

곁에 있는 이에게
기도한다는 것

베트남에는 죽어서 거룩한 영으로 된 이들에게 기도하는 풍습이 있습니다. 먼저 가신 부모와 조상들에게도 기도합니다. 그들과 접하면 우리를 돕는 에너지를 받는다는 확신이 있기 때문입니다. 수천 년 세월 동안 베트남에서는 어려운 일을 당할 때마다 향을 사르고 조상들에게 기도해 왔습니다.

기도 생활을 해오면서, 나는 먼저 간 분들에게 기도하는 것만큼이나 살아 있는 이들에게 기도하는 것도 도움이 된다는 사실을 발견했습니다. 주변 사람들의 행복과 평안도 우리 기도에 에너지를 보태 줄 수 있습니다. 우리를 에워싼 가족과 친구들 속에는 우리에게 든든함과 영감을 주는 사람들이 있습니다. 그들을 생각만 해도 우리 몸에 더 많은 에너지를 불러올 수 있지요.

한번은 나에게 배우는 학생 가운데 하나가 매우 슬픈 얼굴로 나를 찾아왔습니다. 마침 여행을 떠날 참이었기에 그에게 이렇게 말했습니다.

"내가 없더라도, 원한다면 내 방에 들어와 혼자 앉아 있어도 되네."

내 방에 앉아 있는 것이 그에게는 나와 함께 있으면서 나의 에너지를 받는 것과 같습니다. 이렇게 이루어지는 소통도 기도의 한 형식이지요.

어려운 일이 있을 때 자기가 믿고 따르는 어떤 사람에게로 마음이 모아지면, 그 어려움을 극복하는 데 필요한 힘을 더 많이 얻을 수 있습니다. 그러므로 자기에게 감동을 주는 이를 마음에 담고 기도하거나, 자기가 속한 공동체에 기도를 드리는 것이 가능합니다. 가족이나 친구 모임이 잘 돌아가고 있다고 가정해 보세요. 식구나 친구들이 무슨 대단한 기적을 일으키는 건 아닙니다. 하지만 저마다 건강하고 서로를 존중합니다. 우리가 멀리 떠나 있거나 고단하거나 슬프거나 어려운 일이 있을 때 그들을 생각만 해도 활력이 느껴질 것입니다.

나는 부처님과
함께 걷는다

아직 우리 곁에 있는 이들에게 기도하는 것과 먼저 간 분들에게 기도하는 것은 서로 다르지 않습니다. 우리는 먼저 간 분들이 여전히 우리와 함께 있음을 압니다. 아직 살아 있는 이들 또한 우리와 함께 있지요. 누가 죽으면 사람들은 그가 더 이상 존재하지 않는다고 생각합니다. 하지만 부처님 가르침에 따르면 그이는 항상 거기에 있습니다.

  죽었다가 다시 살아난 사람들에 대한 얘기가 많이 있습니다. 베트남에서 죽은 사람을 즉시 매장하지 않는 건 이 때문입니다. 베트남에서는 적어도 이틀을 기다렸다가 시신을 땅 위에 두고 땅의 서늘한 기운이 죽은 사람을 다시 살려내는지 지켜봅니다. 사람들은 죽은 사람이 살던 집 지붕에 올라가 망자의 옷가지를 휘두르며 세 혼백과 아홉 생령을 부릅니다. 죽은 사람 혼백이 그 소리를 듣고 시신으로 돌아와서 살아날 수 있도록 하기 위해서지요. 이렇게 베트남에는 죽은 사람을 땅에 묻기 전에 그이를 살려 낼 가능한 모든 대책을 강구하는 풍습이 있습니다. 잘못을 저지르고 싶지 않기 때문입니다.

부처님 가르침에 따르면 태어나는 것도 없고 죽는 것도 없습니다. 할아버지나 할머니가 죽으면 생전에 우리와 함께 있던 것처럼 있지는 않습니다. 하지만 그분들은 우리 눈으로 알아볼 수 없는 다른 방식으로 자기들을 나타낼 수 있습니다. 그분들은 항상 그 자리에 있습니다. 그러므로 할아버지나 할머니에게 하는 기도에도 여전히 효력이 있습니다. 우리가 누구에게 기도하는지를 분명하게 알면 기도에 더 큰 효과가 있을 것입니다. 지난날에 가까웠던 사람들과 생전에 서로 알고 지내던 사람들에게 기도하면 에너지가 생겨나 우리를 더 강하게 해줍니다.

모든 불교인은 부처의 깊은 본성을 나름대로 경험하고 나름대로 지각합니다. 만약 그대가 부처님의 생애와 가르침을 공부하고 그것을 생활에 적용한다면 삶이 달라질 것입니다. 부처님은 그저 불단(佛壇)에 앉아 있는 어떤 사람이 아니라 우리와 친숙한 누구입니다. 누구를 보는 것과 그이를 아는 것은 다른 일입니다. 비록 부처님과 같은 시대를 살지는 않았지만 우리는 부처님 당시 사람들보다 그분을 더 잘 알 수 있습니다. 어떤 사람이 인도 라자그리하의 영축산(부처님이 때때로 가르침을 펼친 곳)으로 걸어가다가 부처님을 만났다 칩시다. 그런데 부처님의 생애와 행복, 가르침에 대해 아무것도 배우지 않고 그냥 걸어갔다면, 그는 자기 눈으로 직접 부처님을 보았어도 그분에 대해 깊이 알지 못할 것입니다.

부처님은 바로 여기에 있습니다. 그분을 보려고 영축산까지 안 가도 됩니다. 겉으로 보이는 것에 속아서는 안 됩니다. 나에게 부처님은 하나의 형상(image)이 아닙니다. 부처님은 실재(reality)입니다. **나는 매일 부처님과 함께 삽니다. 밥 먹을 때는 부처님과 함께 식탁에 앉고, 걸을 때는 부처님과 함께 걷고, 법문을 할 때도 부처님과 함께 합니다.**

나는 이 부처의 본질을, 부처님 겉모습을 볼 수 있는 기회와 바꾸지 않겠습니다. 부처님을 뵙겠다고 인도로 날아가 영축산을 오르기 위해서 여행사 직원을 서둘러 만날 이유가 없습니다. 여행사의 광고가 아무리 그럴싸해도 그것이 우리를 속이게 놔둘 수는 없는 일입니다. 우리는 지금 여기에 부처님을 모시고 있습니다. 걷기 명상을 할 때마다 부처님 손을 잡고 걷습니다. 그렇기 때문에 불교인인 우리는 이렇게 말할 수 있는 것입니다.

"우리는 궁극의 차원에서 부처님 손을 잡고 즐거이 걷는다."

나무와 별과 달에
기도하기

우리는 보살들과도 만날 수 있습니다. 불교의 보살들은 이 땅을 걸어 다니며 자비와 지혜를 구현하는 존재입니다. 우리 수행 공동체 안에 살아 있는 보살들이 있습니다. 우리의 말을 잘 듣고 우리를 이해할 줄 아는 그들은 그 능력과 마음으로 우리를 도와줄 수 있습니다. 실제로 그렇습니다.

보살은 때로 매우 젊기도 하며, 때로 우리와 한 방에 누워 잠을 자기도 합니다. 우리에게 문제가 생겨 불안하거나 어려운 일을 당했을 때 그 보살이 우리를 도와줄 수 있습니다. 살과 뼈로 이루어진 보살은 수행 공동체 안에 있는 우리의 형제자매입니다. 하지만 우리는 허공에서 보살을 찾으려 하는 성향이 있어, 보살들과 한 지붕 아래 살면서도 그들을 못 알아볼지도 모릅니다.

누가 보살인가요? 보살은 이해와 사랑의 에너지에 행동하는 에너지를 겸비한 사람입니다. 어려운 일을 당했을 때, 위험한 상황에 빠졌을 때, 그가 와서 우리를 구해 줄 수 있습니다. 보살을 이렇게 이해할 때 진실로 당신은 살아 있는 보살들, 수행 공동체 안에서 우리와 더불어 사는 보살들이 있음을 알게 될 것입니다. 그들은 우리와 함께 수행하면서 그 수행을 날마다 삶으로 구현하고 있습니다.

불경에 등장하는 보살들이 역사적 실존 인물이 아니라고 말하는 사람도 있을 것입니다. 사실 그들이 어느 날에 태어나 어느 날에 죽었다고 말할 수는 없는 노릇이지요. 하지만 우리에게 필요한 건 역사적 실재가 아닙니다. 예컨대 우리는 관세음보살의 본성이 사랑인 줄 알고 있습니다. 그리고 사랑은 지금 생에 실재합니다. 관세음보살이 여자인지 남자인지, 흑인인지 백인인지, 아이인지 정치가인지 따위는 문제 되지 않습니다. 사랑이 있는 곳에 관세음보살이 있는 것이니까요. 역사가는 관세음보살에 대한 나의 믿음을 거둬 갈 수 없습니다. 사랑이 여러 다른 모양으로 자기를 나타내는 '실재하는 무엇'임을 내가 너무나 분명히 알고 있기 때문입니다.

헤베 콜브뤼허라는 네덜란드 사람이 있습니다. 제2차 세계대전 중에 유대인 3만 명을 나치 가스실에서 구출해 낸 이입니다. 그이가 다름 아닌 관세음보살입니다. 아직 생존해 있는 그이는 베트남 전쟁 중에도 부모 잃은 수많은 아이들을 후원했습니다.

나는 부처님과 보살들에게, 조상들에게 그리고 내 아버지와 어머니에게 기도해 왔습니다. 때로는 내 학생들에게도 기도합니다. 그들에게 평안, 행복, 자유의 에너지가 있어서 그들을 내 기도의 대상으로 삼을 필요가 있기 때문입니다. 나는 세계 도처에 있는 자두마을 공동체에도 기도합니다. 그들의 힘이 필요하기 때문입니다. 나는 기도할 때마다 그 모든 사람들을 통하여 한 마음의 에너지에 접속되는 것을 느낍니다.

마음으로 기도하듯이 몸으로도 기도할 때 우리는 소나무, 달, 별에게도 기도할 수 있습니다. 소나무는 든든하고 달은 언제나 때맞춰 거기 있고 별은 우리를 위하여 항상 자유롭고 밝게 빛납니다. 소나무와 깊이 만날 수 있으면 한 마음, 하느님과도 만날 수 있습니다. 하느님과 만난다는 것이 그분이 자기 에너지를 우리에게 전해 주는 것을 의미한다면, 소나무 또한 우리에게 자기 에너지를 전해 줄 수 있는 것입니다.

어느 겨울 날, 아시시의 프란체스코가 깨어 있는 마음으로 걷다가 한 감복숭아나무 앞에 이르렀습니다. 그는 나무 앞에 서서 깊이 숨 쉬며 기도했습니다.

"감복숭아나무여, 나에게 하느님에 관하여 말해 주시게."

그러자 한겨울인데도 감복숭아나무가 자연스럽게 꽃을 피웠습니다. 역사의 차원, 곧 우리가 날마다 겪는 현실에서는 감복숭아나무가 겨울에 꽃을 피우지 않습니다. 하지만 궁극의 차원에서는 감복숭아나무에 수만 년 세월 동안 계속 무수한 꽃이 피어 있습니다. 역사의 차원에서 보면 부처님은 살다 돌아가셨고 우리는 부처님이 아닙니다. 하지만 궁극의 차원에서는 우리 모두 이미 부처입니다. 그러므로 감복숭아나무에 접속하는 것이 하느님에게 접속하는 한 가지 방법일 수 있습니다. **추상적 관념으로는 하느님을 발견 못할 것입니다. 반드시 기억하십시오. 하느님은 매우 구체적인 사물들을 통해서 여기 우리에게 현존하십니다.**

눈에 보이지 않는
결과

기도를 하면 기도한 그대로 이루어질 때가 가끔 있습니다. 어떤 때는 기도의 결실이 하도 뚜렷해서 마치 하느님이 "그래."라고 말씀하는 것 같습니다. 하지만 "아직 아니다." "글쎄, 두고 보자." "안 돼."라는 응답을 듣는 때도 있습니다. "안 돼."라는 말을 듣는 것이 힘들긴 하지만 그것이 하느님, 부처님, 보살님의 거절이 아님을 알아야 합니다. 아직 상황을 바꾸기에 충분할 만큼 에너지가 전달되지 않았을 뿐입니다. 그럴 땐 몇 가지 조건들이 더 채워져야 합니다. 기도는 항상 결실을 맺습니다. 다만 결실은 다양한 차원으로 형성됩니다.

"안 돼."라는 응답이 기도에 효력이 없음을 뜻하는 것만은 아닙니다. 아직 보이지 않는 결과가 지금 이루어지는 중일 수도 있습니다. 우리는 자기에게 정말로 무엇이 필요한지를 자주 모릅니다. 반면 집단의식은 우리보다 우리를 더 잘 알지요. 예를 들어 학교에서 시험에 통과하기를 원하는 한 젊은 여성이 있다고 칩시다. 본인과 온 가족이 합격을 위해서 열심으로 기도했지만 합격 못할 수도 있습니다. 그녀는 자기 기도가 이루어지지 않았다고 생각할 것입니다. 하지만 그녀의 실패에는 다른 이유가 있는지도 모를 일입니다. 이번엔 실패했지만 다음번엔 더 잘할 수도 있고, 그 덕에 인생에서 성공할 준비를 제대로 갖춘 셈이 될 수도 있으니까요.

베트남에서 한 젊은이 얘기를 들었습니다. 영리하고 아는 게 많은 그 젊은이는 공무원 시험에 응하여 일등을 했습니다. 그런데 심사위원들은 그가 비록 시험 성적은 우수하지만 너무 젊은 탓에 야망이 아직 잘 다듬어지지 않았을지도 모른다는 우려를 했습니다. 그래서 이번에는 떨어뜨리고 다음번 시험에 합격시키기로 결정했지요. 겉으로 보면 매우 부당한 결정입니다. 하지만 국가는 어떻게든지 젊은이들이 일을 잘하도록 이끌어야 합니다. 그리고 공무원은 지식도 지식이지만 무엇보다 품위 있게 행동할 수 있어야 하지요. 심사위원들은 이 원칙에 따라서 행동했고, 젊은 후보자의 야망을 좀 더 다듬고자 했습니다. 그 젊은이는 다음번 시험까지 3년을 더 기다려야 하겠지만, 아직 나이가 있으니 의지가 굳기만 하다면 너무 늦은 건 아닐 것입니다.

중생을 고통에서 건져 주는 보살이나, 시민과 국가를 능숙하게 돕는 인물이 되기 전에 필요한 건 간절한 염원을 품는 일입니다. 방금 전

얘기에서 그 젊은이는 화를 내거나 불평을 하거나 포기할 수도 있었습니다. 하지만 그는 공부를 계속했고 삼 년 뒤 시험에서 합격했습니다. 이후 그는 최고법관 시험에도 합격하여 훌륭히 나랏일을 하게 되었습니다.

첫 번째 시험에 떨어졌을 때 그 젊은이는 괴로웠을 테지요. 그 모든 일이 자기를 성숙시키고 일을 더 잘할 수 있게끔 도와주고 있음을 몰랐을 테니까요. 우리가 기도할 때도 그렇습니다. 기도한 대로 받지 못했을 때 기도가 이뤄지지 않았다고 생각하겠지만, 그와 다른 어떤 것, 어쩌면 요청한 것보다 크거나 작은 무언가를 얻을 수 있다는 사실을 우리는 모르고 있습니다. 부처님은 우리보다 우리를 더 잘 아십니다. 우리에게 무엇이 가장 좋은지를 더 분명히 아십니다.

주님의
기도

그리스도교의 정통 교리는 모든 사람이 속에 하느님의 본성을 지니고 있으며 하느님의 선(善)을 나눠 가지고 있다는 점을 분명히 밝힙니다. 이는 모든 중생이 부처의 본성을 지녔다는 불교의 가르침과 같습니다. 겉으로는 다를지라도 그리스도교와 불교의 가르침에는 공통점이 많습니다.

앞에서 살펴본 〈당신의 제자, 머리 숙여 절합니다〉라는 불교의 노래를 다시 한 번 보겠습니다.

당신의 제자, 그동안 여러 생(生), 여러 겁(劫)에 걸쳐

업, 탐욕, 분노, 교만, 무지, 혼란, 과오에 사로잡혀 있다가

오늘 고맙게도 부처님을 알게 된지라,

제 잘못을 인식하고 진지하게 다시 시작합니다.

이제 그리스도교 전통에서 잘 알려진 〈주님의 기도〉를 살펴볼까요.

하늘에 계신 우리 아버지,

이름이 거룩히 여김을 받으시며

나라가 임하시며

뜻이 하늘에서 이루어진 것같이

땅에서도 이루어지이다.

오늘날 우리에게 일용할 양식을 주시고

우리가 우리에게 잘못한 자를 용서해 준 것같이

우리 허물을 용서해 주시고

우리를 유혹에 빠지지 않게 하시고

다만 악에서 구하옵소서.

깊이 들여다보면 우리도 이 기도와 함께 궁극의 차원에 이르고자 수련하고 있음을 알게 됩니다. 무엇을 찾고 있는가요? 우리는 지금 뭔가 아주 큰 것을 찾고 있습니다. 햇볕이 쨍쨍 나서 소풍 잘 다녀오게 해달라고 하느님에게 요구하는 것이 아닙니다. 땅콩 한 줌 달라는 게 아닙니다. 우리가 지금 찾고 있는 것은 하느님 나라입니다. 우리 기도의 첫 번째 목표는 하느님 나라입니다. 이제 〈주님의 기도〉를 한 줄씩 읽어 봅시다.

하늘에 계신 우리 아버지

'하늘에'는 '역사적 현상세계 아닌 곳에'라는 뜻입니다. 하느님은 만물 안에 있지만 우리는 그 하느님을 땅에 있는 만들어진 것들에 견줄 수 없습니다. 물결을 물에 견줄 수 없듯이 말이지요. 한 물결을 다른 물결에 견줄 수는 있지만 물결을 물에 견줄 순 없는 일입니다. 하나는 궁극의 본성이고 다른 하나는 그 현상이기 때문이죠.

물은 궁극의 본성입니다. 그것을 이름 지어 부르거나 묘사하는 데 어떤 언어도 사용할 수 없습니다. 우리는 그것을 하느님이라고 부를 수도 있고 알라라고 부를 수도 있고 창조자라고 부를 수도 있습니다. 하지만 그것들은 그렇게 부르는 이름일 따름입니다. 이 모든 표현과 관념들은 하느님을 정의해 보려는 우리의 성공할 수 없는 시도들입니다. 그런즉 우리가 하느님이라고 부르든, '듀'(프랑스어)라고 부르든, '투옹 재'(베트남어)라고 부르든, '알라'라고 부르든, 이 모두는 그냥 이름입니다. 궁극의 차원에 있는 경이로운 실재를 담기에는 턱없이 모자란 것들입니다. 궁극의 차원에 있는 경이로운 실재에 닿기 위하여 우리는 그 이름 너머로 가야 합니다. 그때 비로소 참으로 성스러운 본성을 발견할 수 있습니다.

도덕경은 말합니다.

"말로 말할 수 있는 도(道)는 참되고 영원한 도가 아니다. 이름 지어 부를 수 있는 이름은 참되고 영원한 이름이 아니다."

이름이 거룩히 여김을 받으시며

이 구절은 하느님의 이름을 언급합니다. 그러나 하느님은 길거리에서 스쳐 지나가는 누구를 부르듯이 그 이름을 부를 수 있는 존재가 아닙니다. 하느님이 우리 안에 있고 우리 밖에도 있다면 그런 하느님을 어떻게 한 이름으로 지칭할 수 있겠습니까?

나라가 임하시며

여기 '나라'라는 단어는 그리스어 바실레이아(basileia)를 옮긴 것입니다. 바실레이아에는 세 가지 다른 의미가 들어 있습니다. 첫 번째 의미는 '영역', 그러니까 하느님의 땅 또는 경계입니다. 이 첫 번째 의미는 신호(sign)를 눈으로 보는 관점에서 온 것입니다. 두 번째 의미는 '왕권', 그러니까 영역의 본질, 왕다움입니다. 이 영역에는 행복이 있고 영원함과 평화와 기쁨이 있습니다. 왕권은 본성이고 영역은 신호입니다. '나라'는 신호고 '나라임'(kingdom-ness)은 본성입니다. 본성은 '열반'이

94

고 신호는 '불생불멸'입니다. 이 관점에서 우리는 신호와 본성을 아울러 봅니다. 세 번째 의미는 '다스림', 그러니까 다스리는 행위입니다. 영역과 영역 안에서의 삶은 '다스림'이라고 서술될 수 있으므로 영역은 행위에 속합니다. 정리하면, 영역은 역사의 차원에 속하고 왕권은 궁극의 차원에 속하고 다스림은 행위의 차원에 속합니다.

궁극의 차원은 존재의 바탕입니다. 역사의 차원은 하느님 나라 또는 현상세계, 삶과 죽음의 세계지요. 삶과 죽음의 세계 안에 열반이 현존합니다. 그리고 마지막으로 행위의 차원, 그러니까 아버지 하느님이 다스리는 땅을 다스리는 나라의 기능이 있습니다. 땅에 사는 사람들이 어떻게 평화와 기쁨과 행복을 누릴 수 있을까요? 행위가 있기에 가능합니다. 우리가 어떤 전통에 속했든지 간에 기도에서 가장 중요한 건 궁극의 차원에 도달하는 것, 불생불멸하는 생명의 본성에 도달하는 것, 곧 하느님에 가닿는 것입니다.

걷기 명상을 하거나 깨어 있는 마음으로 식사를 할 때 우리는 열반이 거기 있기를 원합니다. 바로 그 순간 우리에게 열반이 임하기를 원합니다. 그리스도인들은 기도하고 찬송 부르고 성사를 집행합니다. 이 모든 것이 '나라가 임하기를' 염원하는, 하느님 나라가 바로 이 순간에 현존하기를 염원하는 기도들입니다. 만일 우리가 궁극의 차원을 역사의 차원으로 끌어들일 수 있다면 우리는 두 차원을 동시에 살고 있는 것입니다. 우리가 역사의 차원에 살면서 궁극의 차원에 접속하지 못할 아무런 이유가 없습니다.

뜻이 하늘에서 이루어진 것같이
땅에서도 이루어지이다

불생불멸의 하늘, 그 행복, 그 견고성과 하늘의 자유는 궁극의 차원에만 있는 것이 아닙니다. 그것들은 역사의 차원에도 깔려 있습니다. 고맙게도 삼법인이라는 열쇠들 덕분에 우리는 그 견고함, 불생불멸, 자유를 열반에서만 찾을 게 아니라 태어남과 죽음의 세계에서도, 이 땅에서도, 하늘에서처럼 찾을 수 있는 것임을 알게 되었습니다.

한 베트남 스님이 스승에게 물었습니다.

"제가 어디에서 불생불멸을 찾아야 합니까?"

스승이 명료하게 답해 주었습니다.

"너는 태어남과 죽음 그 가운데서 불생불멸을 찾아야 한다."

물결에서 물을 찾아야 한다는 건 분명한 사실입니다. 그래서 우리는 말하지요.

"뜻이 하늘에서 이루어진 것같이 땅에서도 이루어지이다."

우리가 기도할 때마다 품는 간절한 염원이 이것입니다.

오늘날 우리에게 일용할 양식을 주시고

이 구절은 프랑스어로 살펴보면 뜻이 더 잘 와 닿습니다.

Donnez-nous aujourd'hui notre pain de ce jour.
도네누   오주르뒤   노트르 빵 드 스 주르
오늘 우리에게 이 날의 양식을 주옵소서.

'notre pain de ce jour'는 매일의 양식이 아니라 '이 날의' 양식입니다. 오늘(aujourd'hui)도 좋지만 '이 날의'(de ce jour)는 더 좋습니다. 이 문장은 다름 아닌 '신뢰 수련'에 대해 말하고 있습니다.

내일을 위한, 그다음 날을 위한, 다음 달과 다음 해를 위한 양식을 구해서는 안 됩니다. 오늘 하루 먹을 양식만 구해야 합니다. 나는 지금 이 순간을 깊고 온전하게 살고 싶습니다. 불교의 반야심경에도 비슷한 가르침이 나옵니다. 부처님이 말합니다. "색(色)은 공(空)이다." 하지만 이것만으로는 충분하지 않습니다. 그리하여 이렇게 덧붙여 말하지요. "그리고 공(空)은 색(色)이다." 이렇게 해서 영원히 존재하는 실체란 없다는 가르침이 완전해집니다.

일상생활 속에서 우리는 근심걱정을 많이 합니다. 욕심 때문에 물건들을 쌓아 두려고 합니다. 지금 이 순간이 중요하다는 사실을 모릅니다. 하지만 삶은 지금 이 순간에만 가능한 것입니다. 내일을 위한 투자에 관심이 쏠려 있으면 지금 이 순간의 삶이 가져다주는 경이로움을 잊기 십상이지요. 우리는 지금 이 순간으로 돌아와 현재를 깊고 온전하게 살아야 합니다. 그렇게 살아서 지금 여기에 하느님 나라가 현존토록 해야 합니다. 매일 스물네 시간 이렇게 되기를 기도해야 합니다. 그리하여 모든 순간을 깊이 살 수 있도록 해야 합니다. 잠자리에 들 때만 드리는 기도로는 충분하지 않습니다.

우리는 이미 오늘 하루 행복할 조건들을 충분히 갖추고 있습니다. 그러니 우리 안과 바깥 주변에 있는 행복의 조건들과 자신이 이어지게 해달라고 기도해야 합니다. 행복의 조건들은 언제든지 쓸 수 있는 상태로 그 자리에 있습니다. 하지만 탐욕을 부려서는 안 됩니다. 우리 수명이 수백 년 이어지기를 기도해서는 안 됩니다. 지금 이 순간을 제대로 못 살면서 어떻게 수백 년을 살겠다는 말인가요?

우리가 우리에게 잘못한 자를 용서해 준 것같이
우리 허물을 용서해 주시고

우리의 '허물'은 사랑하는 이들에게 우리가 저지른 잘못입니다. 우리는 무엇인가를 말하고 행동하고 생각합니다. 그 말과 행동과 생각이 누구를 괴롭게 했으면 그것들이 우리가 부담해야 하는 허물이지요. 어떻게 하면 우리가 날마다 누군가를 용서하면서 살 수 있을까요?

우리가 누구를 용서하는 것은 그가 깨어 있지 않고, 잘 깨닫지 못하며, 사랑이 모자라고, 지금도 여전히 잘못 알고 있기 때문입니다. 그런데 우리도 똑같은 짓을 다른 사람들에게 저지를 수 있습니다. 따라서 우리는 모든 원망과 앙심을 놓아 버릴 수 있어야 합니다. 하늘에 계시는 아버지에게 용서받기를 원한다면 우리에게 저지른 저들의 잘못을, 저들이 쌓은 허물을 용서해야 합니다.

우리는 살면서 부모와 형제자매, 친구들에게 잘못을 저지를 수 있습니다. 우리는 그들에게 용서받기를 바랍니다. 그렇기 때문에 다른 누구보다 먼저 가족과 친척 들이 우리에게 저지른 모자란 짓, 서투른 짓, 과오를 용서해야 합니다. 이는 하나의 수행이고 기도입니다. 우리의 행동으로 드리고 생활양식으로 드리는 기도입니다. 예수님이 몸소 이런 말로 기도할 것을 당신 추종자들에게 가르쳤다는 사실을 기억하십시오.

우리는 지금도 제법 잘 기도하고 있는지 모릅니다. 하지만 더 깊게 기도하는 법을 배워야 합니다. 문제가 생겼을 때 우리는 부처님을 부르고 보살들을 부르고 하느님을 부르며 와서 우리를 도와 달라고 청합니다. 이건 하나도 잘못이 아닙니다. 우리에게는 그럴 권리가 있습니다. 하지만 가장 거룩한 기도는 그런 말로 드리는 것이 아닙니다. 삶과 죽음을 초월하여 드리는 기도가 가장 거룩한 기도입니다.

스스로 할 수 없는 일을 해달라고 우리는 자주 하느님이나 부처님에게 기도합니다. "하느님, 제가 사랑하는 사람이 심장에 문제가 생겼습니다. 제발 그를 위험에서 구해 주십시오." "주님, 제 동생이 암에 걸렸습니다. 부디 제 동생을 고쳐 주십시오."

원리대로 말하면 하느님은 당신이 어찌해야 하는지 잘 알고 있어야 합니다. 하지만 보통 우리는 하느님에게 이렇게 저렇게 하라고, 그래야 한다고 말합니다. 뭐가 필요한지를 하느님이 몰라서 우리가 그것을 분명히 일러 주어야 한다는 듯이 그러고들 있습니다. 하지만 하느님 마음이 우리 마음보다 훨씬 지혜롭습니다.

더 우스운 건 때로 우리가 부처님이나 하느님을 상대로 흥정을 벌인다는 사실입니다. "부처님, 저에게 그것을 주시면 머리를 삭발하겠습니다(또는 '석 달 동안 채식을 하겠습니다.')." 어떨 때는 더 자세하게 대가를 약속하지요. "제 자식이 시험에 합격하면 사찰 열 곳에 시주를 하겠습니다."

십 년쯤 전, 가까운 벗이자 제자인 짠 콩 자매가 비슷하게 기도하는 것을 들었습니다. "부처님, 어떻게 하면 터이가 좀 더 오래 살 수 있을까요? 터이가 오래 살면 많은 사람이 그의 참된 가르침으로 혜택을 입게 될 텐데요." 터이(Thây)는 베트남어로 '선생'을 뜻하는데 제자와 친구 들이 나를 그렇게 부릅니다.

　누군가가 참된 가르침과 수련을 나눈다면 많은 사람들이 그 혜택을 입을 것입니다. 따라서 이 기도를 할 때 짠 콩 자매의 마음은 아주 광대했음이 틀림없습니다. 그런데 그녀는 이렇게 생각했던 것 같습니다. '부처님은 당신의 가르침이 오래 지속되기를, 그래서 많은 사람이 당신의 가르침으로 자유로워지기를 바라셨다. 이것이 그분의 약점이다.' 그래서 이런 저울을 사용했던 것이겠지요. "부처님, 만일 터이를 십 년 더 살게 해주신다면 헤아릴 수 없이 많은 사람들이 그 가르침으로 혜택을 입게 될 것입니다."

　이는 일종의 흥정 아닐까요? "자식이 시험에 합격하면 매일 기도를 드리겠어요."나 "친구가 나아지면 그에게 초콜릿을 넘기겠습니다." 같은 기도보다는 좀 더 세련되어 있지만, 우리가 초콜릿을 포기하면 부처님이 더 큰 은혜를 베푸실 거라는 말과 비슷하게 들립니다.

　짠 콩 자매의 기도를 좀 더 깊이 들여다보면 그 말 속에 사람의 마음을 움직이는 다른 무엇이 깔려 있음이 보일 것입니다. 그녀는, 자기 선생이 자신의 의지처인데 아직 본인은 충분히 견고하게 서지 못했으므로 만일 선생이 자기 곁에 오래 있지 않으면 뭔가 부족하리라고 생각했습니다. 이렇게 짠 콩 자매의 마음은 그보다 어린 자매들 마음과 다를 바가 없었고, 따라서 짠콩 자매는 자기 선생이 될 수 있으면 오래 살기를 원한 것이지요. 이런 기도에는 자기가 선생 없이 홀로 남겨지지 않기를 바라는 이기적인 마음이 들어 있습니다. 우리는 자기의 의지처가 될 수 있는 대로 오래 곁에 있기를 바랍니다. 자기네 선생이 될 수 있으면 오래 살아서 많은 사람이 그 가르침의 혜택을 입고, 그렇게 자기네 의지처가 계속 거기 있기를 바라는 것은 제자들의 인지상정이니까요.

이제 막 당신이 수도승으로 불문(佛門)에 들어섰는데 선생이 가 버리고 나면 그 슬픔이 어떻겠습니까? 그러니 얼마든지 이런 기도를 할 수 있는 일이고, 이런 기도는 잘못된 것이 아닙니다. 또 이런 기도에는 사람의 마음을 움직이는 힘도 있습니다. 그렇더라도 자기가 어떻게 기도하고 있는지를 좀 더 깊이 들여다볼 필요는 있습니다. 그러면 자기의 깊은 잠재의식에서 무엇이 일어나고 있는지 알 수 있을 것입니다. 우리가 속한 전통이 그리스도교든 불교든 간에, 그것이 하느님 또는 부처님을 상대로 흥정하는 기도인지 아닌지를 밝게 알기 위하여 우리는 좀 더 깊이 들여다보아야 합니다.

우리를 유혹에 빠지지 않게 하시고
다만 악에서 구하옵소서

유혹은 탐욕, 쓰라림, 분노, 의혹, 의심, 번뇌 따위로 시련당하는 것을 의미합니다. 어떤 그리스도인들은 그것을 사탄의 유혹이라고 부릅니다. 불교에서는 그것을 몸과 입과 마음으로 지어 내는 건전치 못한 행동, 그리고 눈과 귀와 코와 혀와 몸의 다섯 가지 감각의 유혹이라고 부릅니다.

불교에는 이 유혹을 다른 식으로 설명하기도 합니다. 이른바 삼악도(三惡道)가 그것인데, 그중에 굶주린 귀신들의 세계가 있습니다. 굶주린 귀신은 이해와 사랑을 끝없이 갈구하지만 그것들이 주어져도 흡족하게 받지 못합니다. 두 번째로 지옥계가 있습니다. 불교에서는 사람이 분노, 증오, 욕망, 질투 같은 온전치 못한 마음 상태로 불타오를 때 지옥계에 떨어졌다고 말합니다. 세 번째로 축생계가 있습니다. 물론 사람도 축생입니다만 여기서 말하는 축생계는 오직 자기 욕망만 좇고 사랑과 이해를 위한 마음 밭을 가꾸어 볼 기회가 한 번도 없었던 사람들의 세계를 의미합니다.

내 경험으로 미루어보면 사람이 혼자 있을 때 이런 유혹에 빠지기가 훨씬 쉽습니다. 공동체에 속해 있으면서 형제자매들과 함께 수련하면 스승과 친구들의 에너지로 보호를 받아 유혹에 쉽게 빠지지 않을 수 있습니다. 마음챙김을 유지하고 수행 공동체 안에 있을 때 우리는 든든하게 서서 유혹에 넘어가지 않는 자신을 보게 됩니다.

사람들은 부처님이 아직 생존해 계실 때 "부처님께 귀의합니다."

를 암송하기 시작했습니다. 귀의한다는 말은 온전한 것에 접속하여 가장 깊은 염원 안에서 자기를 붙들어 둔다는 의미입니다. 사람들은 부처님에게 귀의하기 위하여 부처님이 입적하실 때를 기다리지 않았습니다. 또 당시 사람들은 "승가(僧伽)에 귀의합니다."도 암송하기 시작했습니다. 비구와 비구니, 그리고 재가신도 들이 함께 모여 기도할 때 그들은 유혹에 넘어가지 않는 힘을 얻을 뿐 아니라 마음챙김의 에너지를 함께 키워 갈 수 있었습니다.

오늘날 많은 사람이 마약, 고독, 절망의 지옥계에서 살고 있습니다. 여러 가지 방법으로 주변 사람들에게 지옥을 조장하는 이가 있는가 하면, 죽이고 훔치고 강탈하는 이도 있습니다. 사랑과 이해, 가족과 이상(理想)에 굶주리는 사람들, 이리저리 방황을 계속하는 굶주린 귀신들이 너무나 많습니다.

우리는 이 세 가지 악도(惡道)를 피하게 해달라고 기도합니다. 일단 가야 할 길을 발견하면, 일단 승가에 귀의하면, 일단 어떻게 불도(佛道)를 닦아야 하는지를 알고 나면 우리의 기도가 훨씬 구체적일 수 있습니다. 우리는 유혹에 떨어지지 않고 불도를 닦을 수 있도록 지원과 격려를 받고자 기도합니다. 이는 우리 모두가 이해할 수 있는 염원입니다.

바라건대 우리 마음속 깨달음의 정원에
수백 가지 꽃들이 피어나기를.

평화와 기쁨의 느낌을
우리가 집집마다 전할 수 있기를.

수만 가지 길 위에
아름다운 씨앗을 심게 되기를.

이 세상 고통에서 달아나려 하지 않고
도움이 필요한 곳마다 늘 그 자리에 있기를.

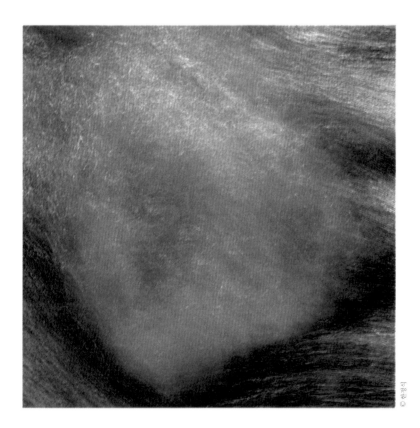

자비로운 스승께 고개 숙여
우리 모두를 보듬도록 간구하는 이 순간,
산과 강 들이 증인 되어 주기를.

4

기도는 어떻게
건강을 돕는가

마음과 몸은 이어져 있다

집단의식과 건강

집단의식으로 만드는 치유의 힘

몸과 마음을 보호하는 법

모두의 건강을 위한 기도

마음과 몸은
이어져 있다

건강과 기도 사이에도 연관이 있을까요? 있다면, 건강 회복은 기도를 통해서 온 것인가요, 아니면 의술을 통해서 온 것인가요? 아니면 둘 다 를 통해서 온 것인가요?

어떤 의료과학자들은 질병을 순전히 물리적(육체적)인 것으로 봅니 다. 병이 있는 것은 몸에서 무엇이 잘못되었기 때문이라는 것이지요. 우 리는 특별한 수술을 받거나 적당한 약을 복용하면 건강을 회복할 거라 고 생각합니다. 질병에 대한 이러한 견해는 지금 널리 퍼져 있습니다.

지난 오십 년 사이에 서양 의료과학은 몸의 건강이 마음의 건강에 연계되어 있음을 이전보다 훨씬 더 많이 알게 되었습니다. 우리는 몸이 괴로울 때 마음도 괴롭다는 사실을 알고 있습니다. 그 역도 마찬가지입 니다. 때로는 심각한 병이 들었는데 그 무엇으로도 고칠 수 없을 것 같 은 경우가 있습니다. 복통이 자주 있어서 이런저런 약을 써 보지만 차도가 없을 때, 이런 종류의 불편함은 근심 걱정과 슬픔에 연계된 것일 수 있습니다. 마음의 고통과 염려와 장애에서 그런 증상이 나타날 수 있습니다.

물론 많은 질병이 몸에서 비롯됩니다. 주변 환경의 독소, 유전성 체질, 노화와 우연한 사고 같은 모든 것이 병을 유발하는 요인일 수 있습니다. 하지만 이런 병에도 정신적인 소인(素因)이 있습니다.

의료과학에서는 이 마음과 몸의 연결을 가리켜 '정신신체의학'이라고 부릅니다. 불교에서도 '마음과 몸의 일치'를 말합니다. 산스크리트로 그것을 나마루빠(nāmarūpa)라 부르는데 '얼(정신)과 꼴(물질)'을 의미하는 말입니다. 얼과 꼴은 마음과 몸을 다른 방식으로 말한 것입니다. 마음과 몸이 하나임을 이해할 때 의학은 나마(얼)가 루빠(꼴)에 영향을 주고 루빠가 나마에 영향을 준다는 사실을 받아들일 수 있습니다. 근심 걱정이 너무 심하면 배가 아플 수 있고, 배가 아프면 우울해질 수 있습니다. 이렇게 몸과 마음은 항상 서로 영향을 주고받습니다.

최선의 치료법을 제공하기 위하여 한 인간의 마음과 몸을 함께 살필 수 있는 사람이 가장 큰 도움을 주는 의료인입니다. 스트레스와 우울증의 경우 앉기 명상과 걷기 명상이 특별한 도움을 줍니다. 어린이를 대상으로 한 연구에서 이른바 주의력결핍증후군에도 명상이 도움을 준다는 사실이 밝혀졌습니다. 또 위스콘신 대학 연구팀은 명상이 스트레스와 불안을 덜어 줄 뿐 아니라 면역체계의 기능도 활성화시킨다는 사실을 발견했습니다.*

● 이 연구 결과는 다음 사이트에 요약되어 있다.
http://www.sciencedaily.com/releases/2003/02/030204074125.htm

집단의식과
건강

우리를 둘러싸고 있는 것들 가운데도 치료를 돕는 것이 있습니다. 건강에 도움이 되는 문화적·집단적 요소가 있다는 얘기입니다.

건강하고 행복한 사람들에 에워싸여 있을 때 우리는 그들처럼 되곤 합니다. 혼자 있으면 더 자주 아프고 말이지요. 이와 반대로 우리가 속한 문화가 높은 스트레스와 분노 속에서 분쟁이 잦은 유형이라면 공동체 전체가 병들 수 있습니다. 집단의식이 앓을 때 우리도 앓는 셈입니다.

예컨대 승진도 못하고 좋은 직장도 없고 고급 자동차도 없다 하여 무능한 사람 취급을 받는다면, 우리는 스스로를 비정상에 쓸모없는 존재라고 여기게 됩니다. 한 인간의 가치를 그가 소유한 학위, 직장, 자동차 따위로 평가하는 생각들이 집단의식을 만들면, 그런 것들을 갖추지 못했을 때 자신의 가치를 스스로 깎아내리고 자기가 정상이 아니라고 생각하는 것입니다.

그런데 과연 우리 가운데 누가 정상인가요? 또 누가 행복한가요? 박사 학위, 좋은 직장, 고급 자동차를 가진 사람은 헤아릴 수 없이 많지만 그들도 여전히 고통을 겪고 있으며, 심지어는 그들 가운데도 인생이 살 만한 가치가 없는 거라고 여기는 사람이 있습니다. 반면 학위도 좋은 직장도 고급 자동차도 없는데 여전히 행복하고 다른 사람들을 행복하게 해주는 이도 있지요. 어디서 이런 차이가 생겨나는 걸까요?

몸과 마음이 좋지 못한 집단의식에 영향을 받도록 놔두면 우리는 계속해서 자신을 원망하고 스스로 아무것도 할 수 없는 무능한 자라는 생각에 빠져 있을 것입니다. 그렇게 생겨나는 비통과 절망은 우리를 병들게 합니다.

지금 우리 사회의 집단의식은 건강 상태가 매우 안 좋습니다. 그렇더라도 우리는 스스로를 치료하고 변화시키는 법을 배울 수 있습니다. 그러기 위해서 수행 공동체라는 몸통, 곧 우리를 보호해 줄 수 있는 집단의식을 만들어 내야 합니다. 도시에서는 보이는 대로 보고 들리는 대로 듣고 많지 않은 사람들과 접촉하는 것만으로도 병들 수 있습니다. 수련원에 오면 그 모든 것에 문을 닫고 영(靈)의 세계로 들어가는 문을 열 수 있습니다. 그대의 몸이 물심양면으로 힘을 받는 것이지요.

집단의식으로 만드는
치유의 힘

영혼을 깨우는 기도를 하면 행복이 학위, 직장, 자동차에서 오는 것이 아님을 기억해 낼 수 있습니다. 집단의식이 우리 건강에 끼치는 영향을 알고서 사람을 치료하는 의학을 '집단의학'(collective medicine) 또는 '한 마음의 의학'(the medicine of the one mind)이라고 부릅니다. 무슨 일이 발생하면, 그것이 우리로부터 멀리 떨어진 시공간에서 일어났더라도, 한 마음에 영향을 줍니다. 이것을 볼 수 있어야만 집단의학을 이해할 수 있습니다.

사백 년쯤 전, 달이 지구에 영향을 주어 밀물과 썰물을 일으킨다는 사실을 천문학자 요하네스 케플러가 발견했습니다. 하지만 그가 발견한 것을 나누려 할 때 아무도 그의 말에 귀를 기울이지 않았습니다. '달이 저토록 멀리 떨어져 있는데 어떻게 지구에 영향을 준단 말인가?' 갈릴레오 갈릴레이조차 그의 생각을 일축해 버렸지요.

우리 몸은 지구와 같습니다. 가까이 있는 사람뿐 아니라 멀리 있는 사람과 사건과 행동 들도 우리 몸에 영향을 줄 수 있습니다. 지금 일어나는 일, 과거에 일어난 일, 다른 사람들의 생각과 행동, 이 모두가 우리 건강에 영향을 줍니다.

많은 의사들이 몸을 검진하는 것만으로 자기 임무를 완수하는 줄 알고 있습니다. 그들은 말합니다. "옷을 올리고 숨을 들이쉬고 내쉬고 입을 '아' 벌리고 혀를 내밀어요. 자, 여기 처방전이 있으니 가서 그대로 하고 약을 제때에 복용하세요."

하지만 **아픈 사람은 정신적인 치료도 받을 필요가 있습니다. 누군가 이렇게 말해 줄 사람이 있어야 한다는 얘기지요. "우리는 지금 여기에 앉아 있습니다. 함께 숨을 쉬어요. 마음을 가라앉혀서 고요하게 합시다."**

의사와 간호사와 다른 의료진들은 일을 시작하기 전에 앉기 명상을 하고 숨에 마음을 모을 수 있지 않을까요. 의사들은 그날의 검진을 마치고 처방전을 쓰고 귀가하기 전에 자리에 앉아 환자들의 건강에 대하여 명상을 할 수 있지 않을까요. 환자의 가족이나 친구들도 물론 그렇습니다. 그저 단순히 "누이가 아파서 병원에 데려가는 중인데 이게 내가 할 수 있는 전부야."라고 말하는 대신, 누이와 함께 앉아서 숨을 들이쉬고 내쉴 수 있는 것입니다.

집단의식 속에서 우리는 사랑하는 이들이 건강해질 수 있도록 할 수 있습니다. 기도할 때 우리는 마음을 고요히 하고 평화와 기쁨을 느낍니다. 그렇게 에너지를 생산해서, 건강이 좋지 않은 사람을 도울 수 있습니다. 현대의 의료과학이 이 사실을 보지 못하고 사람들에게서 기도할 용기를 빼앗는다면, 그건 실제로 환자들을 해치는 것이나 다름없을 것입니다.

수행 공동체 안에 있을 때, 우리는 공동체 구성원 각자의 마음챙김, 평화, 기쁨, 자유가 우리와 우리가 사랑하는 이들의 건강에 큰 영향을 준다는 사실을 경험합니다. 명상하는 동안 그들의 사랑 어린 친절과 자비를 우리가 사랑하는 이들에게 보낼 수 있습니다. 우리 가슴 안에서 사랑 어린 친절과 자비의 에너지를 만들어 낸다면, 그 에너지는 우리 몸과 마음을 치료할 것입니다. 오직 그럴 때만 우리의 에너지가 사랑하는 이들의 몸과 마음을 치료할 수 있습니다.

그 에너지는 집단의식 안에 있습니다. 따라서 공간의 제약을 받지 않지요. 앞에서 들려드린 잠 응우앤 자매 이야기를 떠올려 보세요. 나는 프랑스에 있고 그녀는 베트남에 있었지만 내가 앉기 명상 중에 사랑 어린 친절의 에너지를 보내는 순간 그녀가 그것을 받아들였습니다. 명상을 하면서 나는 사랑 어린 친절과 자비를 사람들에게 보내 왔고, 그것이 작든 크든 결실을 맺으리라고 확신합니다. 바람만큼은 안 될 수도 있겠지만 효과는 반드시 있을 것입니다.

친구들이 나를 위해서 기도할 때 나는 분명 그 에너지를 받습니다. 내가 그들을 위해서 기도할 때도 그들은 확실히 에너지를 받습니다. 우리가 서로 알고 사랑하면 서로의 마음속에서 사랑과 자비의 에너지를 만들기가 아주 쉽습니다. 한 마음 속에 엄청난 에너지가 있습니다. 그 한 마음의 에너지에 접속한 상태로 사랑 어린 친절과 자비 명상의 에너지를 이용하면 우리는 상황을 바꾸거나 역전시킬 수 있습니다.

몸과 마음을
보호하는 법

부처님 가르침 가운데 십이연기(十二緣起)라는 것이 있습니다. 사람 개개인을 형성하는 열두 요소의 연결에 대한 설명입니다. "이것이 있으므로 저것이 있고, 이것이 일어나므로 저것이 일어난다."라는 문장으로 설명되는 이 가르침에서 열두 요소는 순서대로 이어지며 앞의 것은 뒤의 것의 원인이 됩니다.

이 열두 가지 요소 가운데 '여섯 감각기관'이 있습니다. 눈, 귀, 코, 혀, 몸, 마음이지요. 이 여섯 감각기관은 바로 앞의 것인 얼(마음)과 꼴(몸)에 바탕을 두고 있습니다. 그래서 여섯 감각기관이 각각의 감각대상을 만날 때, 얼과 꼴이 어지러워져서 병들 수 있습니다.

따라서 여섯 감각기관들이 건강을 해치는 원인이 되지 않도록 조심할 필요가 있는데, 수련이 한 방법입니다. 여섯 감각기관들을 면밀하게 지켜보면서 우리를 에워싼 물심양면의 불건전한 영향들로부터 스스로를 보호하는 것입니다. 누가 들어오고 누가 나가는지를 아는 문지기처럼, 무엇이 우리 안으로 들어오는지를 환하게 알아차리는 것입니다.

자두마을에서 우리가 하는 수련은 여섯 감각기관이 여섯 감각대상을 접할 때마다 부지런히 깨어 있어서 우리 자신을 지키는 것입니다. 이처럼 우리는 여섯 감각기관의 문을 잘 지켜 병들지 않도록 해야 합니다.

모두의
건강을 위한 기도

대학에서 6년 동안 의학을 공부하는 것만으로는 충분치 않습니다. 의과대학에선 우리에게 저장식(store consciousness)*을 깊이 들여다보면서 진단하는 법을 가르치지 않기 때문입니다. 정신과 의사들도 무의식 차원에서 진단하고 치료하는 법을 배우지만, 서양 정신의학에서 말하는 무의식은 저장식의 한 부분에 지나지 않습니다.

아뢰야식이라고도 불리는 저장식은 우리 정신의 가장 깊은 부분입니다. 그 안에 행복, 슬픔, 질투 그밖에 우리가 경험하는 모든 감정의 씨앗이 들어 있습니다. 이 씨앗들에 물을 주거나 접촉을 하면 그것들이 감정 에너지로 분출됩니다.

저장식은 온갖 종류의 씨앗을 품은 정원과 같고 의식은 정원사와

---

* 이 책에 나오는 '한 마음', '저장하는 마음'과 같은 것을 일컫는 말.

같습니다. 명상을 할 때 의식이 작용합니다만, 저장식도 밤낮으로 은밀히 작용하고 있습니다. 만약 우리가 의식의 깊은 곳에 깔려 있는 내면 매듭들을 인식하고 바꿔 놓을 수 있다면, 그 결과로 우리는 치유되고 자유로워질 것입니다. 이를 일컬어 '바탕에서 이루어지는 변화'라고 합니다. 의식의 밑바탕에서 이루어지는 변화라는 뜻이지요.

건강치 못한 환경에서 살 때, 그 환경에서 발생하는 온갖 부정적인 생각과 말과 행동의 영향을 받을 때, 우리는 조만간 병들 것입니다. 감각적인 욕망을 채우려고만 드는 환경에서의 삶은 집단적인 고통, 절망, 우울증을 유발합니다. 거기서 우리는 자신의 몸과 마음을 파괴하고, 미래로 통하는 문을 닫아 버리지요. 따라서 건강이 좋기를 바란다면 좋은 환경을 조성하기로 마음먹어야 합니다. 건전한 환경을 만들고 건전한 삶을 실천해야 합니다. 만약 우리가 영적, 물질적, 정신적 건강에 전념하는 더 큰 공동체 속에 있다면, 치유를 위한 최선의 기회를 잡은 것과 같습니다.

한 마음 의술을 실천하는 의사는 환자를 치유의 길로 안내하는 방법을 알아야 합니다. 저장식은 집단의식입니다. 그것에서 강, 산, 호수, 연못, 공기, 물, 새 그리고 물고기가 생겨납니다. 환경의 응보가 아름다우냐 추하냐는, 우리가 건강한 환경을 지향하여 건전한 길을 걸어왔느냐 아니면 건전치 못한 길을 걸어왔느냐에 달려 있습니다.

우리가 사랑하는 사람들, 의사 그리고 공동체가 사랑과 기도의 에너지를 생산하여 우리에게 보내고 그것으로 우리를 감싸 줄 때, 우리는 우리 몸이 건강을 회복하도록 도와줄 수 있습니다. 때로는 건강이 너무 나빠서 약을 사 먹거나 운동을 해도 아무런 도움이 되지 않기도 합니다. 집단의식이 우리를 반드시 치료해 주는 건 아니지만, 우리가 건전한 집단의식에 접할 수 있으면 치료 효과는 분명 커질 것입니다.

아픈 사람을 위해서 기도해 주고 그들에게 영적 에너지를 보내는 일은 그들의 치유를 위하여 대단히 중요합니다. 불교인인 우리는 이런 기도에 에너지가 있음을 믿습니다. 우리의 이런 믿음은 미신이 아닙니다. 그렇게 기도하고 영적 에너지를 보내는 것이 과학적인 진실에 바탕을 둔 것임을 알고 있기 때문입니다. **영적으로 지지하고 돕기 위해서 공동체 구성원들이 함께 앉아 집중된 마음의 에너지를 생산할 때, 그 에너지가 사랑하는 이들에게 가닿는다는 것은 분명한 진실입니다.**

어리석음에 의해서도 의식이 만들어지고 배양된다는 것을 우리는 압니다. 어리석음이 두터우면 그만큼 건강이 나빠질 것입니다. 우리 모두 함께 날마다 수련하면 어리석음을 걷어 내고 지혜에 기초한 밝음을 만들어 나갈 수 있습니다. 지혜와 마음챙김이 있는 곳에 사랑과 자비가 있습니다. 지혜와 마음챙김이 늘수록 집단의식 속에 더 많은 사랑이 생겨납니다. 그러면 개인뿐 아니라 온 공동체가 더욱 건강해질 것입니다.

5

마음챙김과
기도

명상의
기적

명상은 불교 수행의 골수(骨髓)입니다. 명상을 통해 우리는 세상의 참모습을 깊이 깨달을 수 있습니다. 이 깨달음은 우리를 불안, 근심, 우울에서 해방시켜 주고, 분명한 앎과 자비를 선물하고, 삶의 질을 높이고, 우리 모두에게 자유, 평화, 기쁨을 안겨 줍니다.

20세기 끝자락에 이르러 서양 사람들이 명상에 관심을 기울이기 시작했습니다. 서양의 물질적 편리만으로는 행복을 얻기에 부족했기 때문입니다. 우리의 걱정, 우리의 관심사, 우리의 문제 들은 영적인 삶을 살아야만 해결될 수 있습니다. 이 곤경에 대응하는 길을 많은 사람들이 불교와 명상 수련에서 찾고 있습니다.

앉기 명상이 가장 널리 알려진 명상법이긴 하지만 걷기, 서기, 눕기 같은 자세로도 명상을 할 수 있습니다. 빨래하고 장작 패고 채소밭에 물 주고 자동차를 운전할 때도 명상은 가능합니다. 우리가 어디에 있든지, 무엇을 하든지, 어떤 자세를 취하든지 마음챙김과 집중과 깨달음의 에너지가 우리 몸과 마음을 감싸고 있으면 우리는 명상을 하고 있는 것입니다. 명상 수련을 위해서 절이나 교회나 수련원에 가지 않아도 됩니다. 사회생활, 직장 출근, 가족 돌보기도 명상 수련의 좋은 기회입니다.

명상에는 몸과 마음을 활기차고 건강하게 해주는 효과가 있습니다. 그리고 명상을 하는 당사자뿐 아니라 그의 곁에 있는 이들에게 삶의 기쁨을 회복시켜 줍니다.

마음챙김,
집중, 깨달음

명상을 하면 마음챙김, 집중, 깨달음이라는 세 가지 에너지원이 생겨나 우리에게 힘을 줍니다.

마음챙김, 옹글게 말하면 '바른 마음챙김'은 지금 이 순간 우리 몸과 마음과 주변에서 일어나고 있는 것들에 깨어 있도록 도와주는 에너지원입니다. 지금 이 순간 우리 몸과 마음과 주변에서는 셀 수 없이 다양하고 많은 것들이 일어나고 있습니다. 그 모두를 한 순간에 인식하기는 불가능하지만 뚜렷이 드러나 보이거나 특별히 더 잘 알아야 할 필요가 있는 것을 우리는 인식할 수 있습니다. 숨에 마음을 모으면 들숨은 들숨으로 날숨은 날숨으로 알아차릴 수 있습니다. 이를 숨 마음챙김이라고 부릅니다. 발걸음에 마음을 모으면 방바닥이나 땅바닥에 놓이는 발자국 하나하나를 인식할 수 있지요. 이는 발걸음 마음챙김이라고 부릅니다.

만일 화를 내면서 자기가 화를 내는 줄 알아차리면, 이를 화 마음 챙김이라고 부릅니다. 화 마음챙김을 할 때 우리 안에서는 두 종류의 에너지가 움직입니다. 첫째는 화를 내는 에너지고, 둘째는 마음챙김으로 생성되는 바른 마음챙김 에너지입니다. 둘째 에너지로 첫째 에너지를 인식하고 품어 안아 줍니다. 이 명상을 5분에서 7분만 계속해도 바른 마음챙김 에너지가 화내는 에너지로 침투해 들어가고, 화내는 에너지의 일부가 다른 에너지로 바뀔 것입니다.

마음챙김 에너지는 집중 에너지를 수반합니다. 집중은 깨달음 에너지를 일으키고 깨달음은 화를 이해, 수용, 자비, 화해로 바꿔 놓을 수 있습니다. 일상생활에서 우리 마음은 과거를 생각하거나 미래를 걱정하곤 합니다. 몸은 지금 여기에 있지만 마음은 그렇지 않은 것이지요. 바른 마음챙김은 우리 마음을 몸에게로 데려와서 지금 여기에 있도록 도와주는 에너지입니다. 그런 식으로 지금 여기에 있으면 우리 안팎에서 벌어지는 온갖 놀랍고 신기한 것들을 만날 수 있습니다.

명상의 정신으로 볼 때 삶은 진실로 지금 여기에만 있습니다. 부처님은 말씀했지요.

"과거는 이미 가 버렸고 미래는 아직 오지 않았다. 삶은 오직 지금 이 순간에만 있는 것이다."

지금 이 순간의 경이로움을 만날 수 있을 때 우리는 활력을 얻고 치유됩니다. 바른 마음챙김 에너지가 단단해지면, 그것으로 우리의 괴로움과 아픔, 분노와 증오, 탐욕, 폭력, 질투, 절망을 인식하고 품어 안아 줄 수 있습니다. 그렇게 그것들을 조금씩 바꿔 나가게 됩니다. 지금 이 순간에 평화로이 머묾으로써 우리는 놀라운 치유 효과를 누릴 수 있습니다. 나아가 과거에 대한 후회와 집착의 발톱으로 더 이상 스스로를 할퀴지 않게 되고, 미래에 대한 염려와 두려움에서 스스로를 데리고 나올 수 있게 됩니다.

마음챙김의
네 가지 대상

마음챙김한다는 것은 언제나 '무엇에 대하여' 마음챙김한다는 말입니다. 마음챙김에는 반드시 대상이 있습니다. 마음챙김의 대상은 네 가지 부류로 나뉩니다. 바로 몸, 느낌, 마음 그리고 '마음의 대상'이지요.

몸을 마음챙김하면 우리는 몸으로 돌아와서 몸을 돌보고 몸을 쉬게 할 수 있습니다. 몸을 진정시키는 이 수련은 몸의 스트레스와 신경조직을 풀어 주는 데 매우 효과적입니다. 이 수련은 앉거나 누워서 할 수 있으며, 몸이 자연스럽게 스스로를 치료하도록 도와줍니다. 치료를 위해 약을 복용하는 중이라면 몸을 진정시키는 이 수련이 더욱 신속한 회복에 도움이 될 수 있습니다. 몸 마음챙김은 몸에 독소가 스며들지 못하게 해줍니다. 또한 우리로 하여금 자유로이 걷고 서고 일하고 움직이게 도와주며, 일상생활의 질을 높여 줍니다.

느낌을 마음챙김하면 순간마다 자기의 감정을 있는 그대로 인식하는 데 도움이 됩니다. 기분 좋은 감정이든 불쾌한 감정이든 기분 좋지도 불쾌하지도 않은 감정이든, 있는 그대로 인식할 수 있게 됩니다. 여기서 내가 '인식하다'라고 말하는 건, 우리가 감정들의 근원에 이르러 그 본질을 알고 그것을 바꿀 수 있음을 분명히 밝히기 위해서입니다. 예컨대 마음챙김 에너지로 우울증 증세를 인식하면, 우울증의 깊은 뿌리로 들어가 그 느낌을 초래한 멀고 가까운 원인들을 알아내는 기회를 잡게 됩니다. 마음챙김으로 우울증을 돌보고 마음을 에너지원에 접속시킴으로써 활력과 치유를 받아 증세를 완화할 수 있게 됩니다. 또 마음챙김을 하면 우리를 긴장, 불안, 우울로 끌어들이는 사건, 모습, 소리, 생각 들에 휘말려 들지 않도록 스스로를 지켜 낼 수 있습니다. 바로 이렇게 우리는 우울증이 지속되는 걸 막고 우울증을 일으키는 여러 독성들이 몸에 스며들지 못하게 할 수 있습니다.

불교심리학에서는 우리에게 51가지 마음현상들이 있다고 봅니다. 거기에는 믿음이나 주의 깊음과 같은 선한 마음현상, 분노와 집착 같은 불선한 마음현상, 생각이나 의도 같은 보편적 마음현상이 들어 있습니다. 어떠한 마음현상이 일어나든 간에 우리는 마음챙김함으로써 그것이 왜 어디에서 일어났으며 우리 몸과 마음에 어떤 영향을 주는지를 이해할 수 있습니다. 집중과 깨달음의 힘으로 선하고 기분 좋은 감정을 온전히 누리고, 불선하고 불쾌한 감정을 바꿀 수 있습니다. 중립적인 느낌일 때는 기분 좋은 느낌으로 돌려놓을 수 있습니다.

예를 들어 치통이 있을 때 우리는 불쾌한 느낌을 받습니다. 치통만 사라지면 기분이 좋을 것 같습니다. 하지만 치통이 없는 평상시에 우리는 기분 좋을 것도 없고 나쁠 것도 없는 중립 상태에 있을 뿐입니다. 치통이 없다는 이유로 행복감을 느끼는 사람은 별로 없습니다. 그런데 자기에게 치통이 없다는 사실을 알아차리면, 그 알아차림이 중립적인 느낌을 행복한 느낌으로 돌려놓도록 도와줄 것입니다.

통증과 우울증을 치료하고 몸과 마음의 스트레스를 해소시키는 데 마음챙김 수련을 활용하는 곳이 갈수록 늘고 있습니다. 예를 들어 매사추세츠 의과대학 존 카밧진 교수는 MBSR(마음챙김에 기반한 스트레스 감소) 프로그램을 운영하고 있습니다. 이 프로그램에 참가한 사람들은 통증과 스트레스와 질병을 매우 효과적으로 치료하고 있습니다. UCLA나 하버드 대학의 규모가 큰 의과대학들에서도 정신적·육체적 질병을 치료하는 데 명상이 어떤 도움을 주는지를 연구하는 전담 부서를 두고 있습니다.

허버트 벤슨 교수가 설립한 하버드 대학의 '마음/몸 의학 연구소'에선 명상을 가르치고 연구하여 그 결과를 치료에 적용하고 있습니다. 벤슨 교수에 따르면 수많은 과학자, 심리학자, 교육자, 의사, 간호사 들이 이 연구소에서 수준 높은 교육을 받고 계속해서 연구 프로그램을 이

끌면서 여러 분야에서 많은 것을 발견하고 있습니다. 그들은 명상이 치료에 끼치는 효과가 매우 크다는 사실을 알아냈고, 이에 근거해 상당수의 의료 프로그램들을 개발했습니다. 각각의 프로그램은 마음의 긴장을 풀어 줌으로써 병을 치료하고 증상을 완화시키는 효과적인 방법들을 제공하고 있습니다.

지난 30년 동안 하버드 의과대학의 여러 연구실에서 몸과 마음이 서로 주고받는 영향의 결과를 조직적으로 연구해 왔습니다. 그 결과, 사람들이 경전의 한 구절 또는 명상 지도자의 말을 거듭 읊거나 성스러운 소리라도 그저 반복해서 내면, 마음이 산만해지는 것을 막고 몸에서 긍정적인 변화가 일어나며, 정신적인 긴장을 유발하는 쪽과는 반대 방향의 변화들이 시작된다는 사실이 입증되었습니다. 또 명상 수련이 가져다주는 혜택들이 증명되어, 명상이 고혈압, 불규칙한 심장 박동, 만성통증, 불면증, 발기부전 따위 증상들을 경감시킨다는 사실이 드러났습니다.

마음챙김의 네 번째이자 마지막 대상은 산, 강, 나무, 사람, 사물, 사회 같은 '마음의 대상'입니다. 마음챙김, 집중, 깨달음의 에너지가 강할 때 우리는 실재 속으로 깊이 들어가 그것을 꿰뚫어 보고 큰 자유를 누릴 수 있게 됩니다. 부처와 여러 성인들이 이 경지에 이르러 '해탈'이라고 부르는 큰 자유를 누렸습니다. 우리도 명상을 수련하면 그 자유에 이를 수 있습니다. 비록 우리의 자유가 아직은 크지 않을지라도, 우리는 숱한 착각과 편견 들을 소멸시키고 전처럼 그렇게 많은 고통을 겪지 않을 수 있습니다. 실제로 우리는 지금 이 순간의 삶에서 상당한 기쁨과 평화를 맛보고 있습니다.

마음의
매듭 풀기

　명상은 우리를 지금 이 순간에 현존할 수 없도록 만드는 족쇄들을 다루는 데 도움을 줍니다. 특히 내면 매듭들과 주체성 콤플렉스를 다스리는데 명상이 많은 도움을 주지요.

　내면 매듭이란 우리 의식의 깊은 곳에 엉켜 있는 미혹, 억압, 두려움 그리고 불안의 집적체입니다. 그것들은 우리를 옭아매어 실제로는 하고 싶지 않은 말과 행동과 생각을 하게 만드는 힘이 있습니다. 내면 매듭이 생겨나는 건, 우리가 일생생활 속에서 마음챙김을 잘하지 못하는 사이 내면 매듭의 씨가 뿌려져 싹이 트고 자라났기 때문입니다.

　열 가지 중요한 내면 매듭들이 있습니다. 탐욕, 증오, 무지, 거짓, 의혹, 육신을 자기로 알고 집착함, 지나친 견해와 선입견, 허례허식에 매달림, 영생불멸에 대한 갈망, 모든 것을 그대로 유지하려는 욕망이 그것입니다. 이 열 가지 족쇄를 다른 것으로 바꿔 놓는 능력에 우리의 건강과 행복이 달려 있습니다.

내면 매듭들이 우리 의식 안에서 나타날 때 마음챙김을 통해 그것들을 알아볼 수 있습니다. 이 내면 매듭들은 과거에 형성된 것입니다. 가끔은 어머니와 아버지, 할머니와 할아버지를 비롯한 조상들이 물려준 습관 에너지로 나타나기도 하지요. 마음속에 있는 매듭의 뿌리를 찾고자 심리학자들처럼 과거로 돌아가서 기억들을 헤집어 볼 필요까지는 없습니다. 마음챙김을 잘 유지하고 있으면, 내면 매듭이 저를 드러내려고 할 때 그것을 알아차리고 그 속으로 깊이 들어가 뒤엉킨 매듭의 뿌리를 들여다볼 수 있게 됩니다.

명상을 통해 우리는 존재하는 모든 것이 서로 이어져 있음을 볼 수 있습니다. 인간이든 다른 무엇이든, 스스로 생겨나서 독자적으로 존속하는 것은 없습니다. 이것은 저것에 의존하고, 한 물건은 다른 물건으로 말미암아 생겨나고 존속하지요. 이것이 '더불어 있음'(interbeing) 또는 '무아'(non-self)로 불리는 상호의존성에 대한 깨달음입니다. '무아'란 항구히 동떨어져 존재하는 실체가 없다는 뜻입니다. 예를 들어 아버지와 아들은 결코 동떨어진 두 실체가 아닙니다. 아버지는 아들 안에 있고 아들은 아버지 안에 있습니다. 아들은 미래로 들어가는 아버지의 연장(延長)이고 아버지는 근원으로 돌아가는 아들의 연장입니다. 아들의 행복은 아버지의 행복에 연결되어 있습니다. 아버지가 행복하지 않으면 아들의 행복은 온전한 것일 수 없습니다. 모든 것의 본성이 '자아-없음'이지요. 동떨어져 있는 자아란 없는 것입니다.

심리치료계에서는 자기-존중의 결핍을 하나의 질환으로 봅니다. 마음챙김 수련에서는 자기-존중의 결핍과 과잉을, 자기를 남과 똑같이 생각하는 것과 함께 질환 또는 콤플렉스로 봅니다. 이 세 가지 콤플렉스는 모두 동떨어져 존재하는 자아가 있다는 생각에 바탕을 둡니다. 이들 모두가 세 가지 자만(自慢), 즉 더 좋다는 자만, 더 나쁘다는 자만, 똑같다는 자만에 근거합니다. 따라서 무아에 대한 깨달음을 얻었을 때에만 분노, 질투, 증오, 수치심에서 생겨나는 온갖 고통이 완전하게 평정될 수 있습니다. 이것이 명상으로 이루어지는 치유의 바탕이지요.

11세기에 살았던 베트남 선사(禪師) 투옹 찌애우는 우리가 마음 작용을 이해하면 명상 수련이 더 쉬워질 거라고 가르쳤습니다. 불교 유식론(唯識論)은 여덟 가지 식(識, 마음 작용)을 말합니다. 눈, 귀, 코, 혀, 몸이라는 다섯 가지 감각에서 일어나는 다섯 가지 식에, 의식, 자아의식, 저장식을 더하여 모두 여덟 가지가 됩니다.

우리의 깊은 욕망, 두려움, 적개심이 저장식 안에서 억압당할 때, 그것들은 산소와 물을 공급받지 못해 자라지도 아름다운 모습으로 변하지도 못하는 씨앗처럼 됩니다. 그리고 그 봉쇄의 결과는 우리 몸과 마음에 여러 가지 증상으로 나타납니다. 이 정신적 응어리들은 억압을 당해도 여전히 우리를 옭아매어 끌고 다닐 힘이 있어서 매우 강력한 내면 매듭이 됩니다. 우리는 그 정신적 응어리들이 위로 떠올라 의식에 나타나지 않기를 희망하면서 그것들을 무시하곤 합니다. 그것들이 망각 속에서 소진되기를 바라는 것이지요. 아프고 기죽을 것이 두려워 그 느낌들을 마주하려 하지 않습니다. 의식의 영역을 잡동사니들로 꽉 채움으로써 바닥에 깔려 있는 아픈 느낌들이 위로 올라올 자리가 없기를 꾀합니다. 그래서 텔레비전을 보고 라디오를 듣고 책과 신문을 읽고 수다를 떨고 도박을 하며, 모든 것을 잊겠다고 술을 마시지요.

혈액순환이 순조롭지 못할 때 여러 가지 증상이 몸에 나타납니다. 마찬가지로 정신적 응어리들이 억눌려서 제대로 순환되지 못할 때 몸과 마음에 여러 증상들이 나타나기 시작합니다. 우리는 억누르기를 멈추고 욕망, 두려움, 분노 같은 정신적 응어리들을 알아차리고 그것들을 바꿔 놓을 수 있는 방법에 대하여 배워 둘 필요가 있습니다. 명상을 통하여 마음챙김 에너지를 기르는 것이 이 일에 도움이 됩니다. 매일매일 명상을 수련하여 마음챙김 에너지를 기르면 자신의 고통스러운 감정들을 알아차리고 보듬어 안아서 바꾸기가 수월해질 것입니다.

정신적 응어리들을 억지로 눌러서 아래로 내려 보내는 대신 그것들을 알아차리고 보듬어 안으면 그 부정적인 에너지가 훨씬 약해집니다. 정신적 응어리들에 대하여 5분에서 10분만 명상을 해도 도움이 됩니다. 정신적 응어리가 다음에 또 나타날 때 다시 알아차리고 안아 주면 그것들은 더욱 더 약해져서 저장식으로 돌아갑니다. 이와 같이 수련하다 보면 더 이상 그것들을 아래로 억누르지 않게 됩니다. 마음에서 감정이 다시 원활하게 순환되고, 몸을 굳게 만드는 심리적 콤플렉스들이 서서히 사라지는 것이지요.

참된
행복

마음챙김은 앞에 있는 대상을 있는 그대로 보는 능력입니다. 치우침이나 판단 없이, 그것을 탐내거나 경멸하지 않고서 그저 바라보는 것이지요.

예를 들어 몸에 어떤 통증이 있어 그 통증을 마음챙김한다고 칩시다. 이것이 바로 기도입니다. 당신이 하던 기도, 당신이 생각해 온 기도 하고는 많이 다르겠지만, 자리에 앉아 명상하면서 통증이 거기 있음을 알아차리는 것도 기도입니다. 그렇게 하면 집중과 깨달음의 에너지로, 통증의 무게와 그것이 몸에 있게 된 원인을 알아차리고 이해할 수 있을 것입니다. 마음챙김과 집중이 가져다주는 이해를 바탕으로 그 통증을 치료할 수도 있습니다.

걱정거리가 너무 크면 좋지 못한 상상을 할 때가 많이 있습니다. 걱정거리에 상상으로 만든 이야기를 보태면 마음에 스트레스가 더해지고 통증은 더욱 커집니다. 암이 아닌데 암이라고 상상하여 먹지도 자지도 못할 만큼 걱정이 태산일 수 있다는 얘기지요. 그럴 때 통증은 배가 되어 우리를 더욱 심각한 상태로 끌고 갑니다.

부처님은 두 화살을 예로 들어 이를 설명합니다. 첫 번째 화살은 우리가 어찌할 수 없이 맞을 수밖에 없는 고통이고, 두 번째 화살은 첫 번째 화살을 맞은 뒤 우리 스스로 만들어 내는 정신적 고통입니다. 첫 번째 화살을 맞은 바로 그 자리에 두 번째 화살이 꽂히면 아픔은 두 배가 아니라 열 배로 커집니다. 우리의 상상과 염려로 두 번째 화살이 날아와서 우리를 해치도록 내버려 두어서는 안 되겠지요.

돈, 명예, 권력, 섹스 같은 감각적 욕망의 대상을 추구하면 참된 행복에 이를 수 없습니다. 오히려 자기와 남들에게 더 큰 고통을 안겨줄 따름입니다. 사람들은 온갖 욕망으로 가득 차 있습니다. 밤낮으로 그것들을 좇고, 그래서 자유롭지 못합니다. 자유롭지 못하면 평안하지 않고 행복감이 느껴지지도 않습니다.

욕망하는 것이 별로 없으면 단순하고 건전한 삶에 만족하게 됩니다. 일상의 순간순간을 충실하게 살면서 가까운 이들을 사랑하고 보살피게 됩니다. 이것이 참된 행복의 비결입니다. 너무나 많은 현대인이 감각적 욕망을 채우는 데서 행복을 찾고 있습니다. 그리하여 고통과 절망의 양이 엄청나게 커지고 있습니다.

경전에서는 욕망을 덫이라고 말하지요. 욕망의 덫에 사로잡히면 비통해지고, 모든 자유를 잃고, 참된 행복을 맛보지 못합니다. 두려움과 불안 또한 고통을 만들어 냅니다. 충분한 앎을 바탕으로 단순한 삶을 받아들이고, 그래서 지금 있는 것으로 만족하면 더 이상 걱정하거나 두려워할 필요가 없을 것입니다. 우리가 끊임없이 불안해하고 신경을 곤두세우며 사는 이유는, 내일 가진 것을 잃거나 월급을 받지 못할 수 있다고 생각하기 때문입니다. 그러므로 오늘의 현대문명에서 헤어나는 유일한 길은 조금 소비하고 많이 행복해지는 데 있습니다.

이 책은 왜 기도하느냐는 물음으로 출발했습니다. 어쩌면, 아니 실제로 기도의 에너지는 행복을 바라는 사람들의 마음으로 되돌아올 것입니다. 타인과 이어지고 우리 자신보다 더 위대한 어떤 존재와 만나기를 바라는 사람들의 단순한 바람으로 되돌아올 것입니다. 침묵으로 하든, 찬가로 하든, 명상으로 하든, 기도는 우리 자신을 지금 이 순간으로 데려와서 여기 있는 평화에 이어 주는 방편입니다. 동시에 기도는 우리를 우주와 영원에 접속시키는 하나의 길입니다. 우리의 참된 행복은 지금 이 순간을 온전하게 의식하고 우주의 다른 모든 것들과 우리가 이어져 있음을 깨닫는 데서 옵니다.

6

기본이 되는
다섯 가지 명상 연습

명상의 본질이 담겨 있는 다섯 가지 간단한 명상 연습을 소개합니다. 첫 번째부터 네 번째 명상에는 우리에게 자양분을 공급하는 힘이 있고, 다섯 번째 명상에는 우리를 치유하는 힘이 있습니다.

이 다섯 가지 명상은 앉기 명상을 하면서 당신 스스로에게 말해 주는 것으로 시작합니다. 처음에는 전체 문장을 말해 주는 것이 좋을 것입니다. 그다음부터는 문장 오른편에 있는 짧은 구절을 읽어도 좋습니다. 예를 들면 이런 식입니다. 숨을 들이쉬면서 "고요"라고 자신에게 말해 주고, 숨을 내쉬면서 "웃음"이라고 말해 주는 것이지요.

연습 하나
마음의 응어리
다스리기

숨을 들이쉬면서, 고요를 느낀다.   고요

숨을 내쉬면서, 웃는다.   웃음

숨을 들이쉬면서, 지금 이 순간에 머문다.   지금 이 순간

숨을 내쉬면서, 이는 참으로 경이로운 순간이다.   경이로운 순간

    많은 사람들이 이 연습으로 명상을 시작합니다. 사람들이 이 연습을 오랫동안 계속 하는 것은 이 연습으로 많은 혜택을 얻기 때문입니다.

    숨을 들이쉬면서 숨에 집중합니다. 숨을 들이쉬는 동안 고요를 느낍니다. 시원한 냉수를 한 잔 마신 것처럼 속에서 서늘함이 느껴집니다. 마음이 고요하고 평화로우면 몸도 고요하고 평화롭습니다. 숨에 마

음챙김할 때 몸과 마음이 하나 되기 때문입니다. 숨을 내쉴 때 우리는 대략 300개쯤 되는 얼굴 근육을 모두 풀어 주기 위하여 미소를 짓습니다. 웃을 때 신경계도 느슨해집니다. 숨을 들이쉬면서 느끼는 고요함의 열매가 웃음이고, 그 웃음은 우리로 하여금 긴장을 풀고 내면에서 차츰 커지는 평화와 기쁨을 느끼도록 도와주기도 합니다.

두 번째 숨은 우리가 지금 이 순간으로 돌아와서 과거에 대한 집착과 미래에 대한 염려에 종지부를 찍고 지금 여기에 평화로이 머물 수 있도록 도와줍니다. 삶은 지금 여기에만 있는 것입니다. 그러므로 제대로 살려면 지금 이 순간으로 돌아와야 합니다. 스스로 살아 있음을 알고 자기 안팎에 있는 삶의 온갖 신비롭고 놀라운 것들을 만난다면, 그것이 바로 기적입니다. 열린 눈으로 보고 열린 귀로 듣기만 한다면 그 기적을 경험할 수 있습니다. 숨의 도움으로 깨어나 살 수 있다면, 지금 이 순간이 가장 아름답고 경이로운 순간이 됩니다. 명상 홀에 있든, 기차를 타고 있든, 부엌일을 하든, 강둑이나 공원을 걷든 상관없이 우리는 숨과 함께 지금 이 순간으로 돌아오는 연습을 할 수 있습니다. 걷든지 서든지 눕든지 앉든지 일을 하든지, 언제 어디에서나 가능합니다.

연습 둘
몸을 고요하고
편안하게 하기

숨을 들이쉬면서, 내가 숨을 들이쉬는 줄 안다.　　　　들숨

숨을 내쉬면서, 내가 숨을 내쉬는 줄 안다.　　　　　날숨

숨을 들이쉬면서, 내 숨이 깊어진다.　　　　　　　깊어짐

숨을 내쉬면서, 내 숨이 느려진다.　　　　　　　　느려짐

숨을 들이쉬면서, 내 몸을 알아차린다.　　　　　　알아차림

숨을 내쉬면서, 내 몸을 쉬게 해준다.　　　　　　　쉼

숨을 들이쉬면서, 내 몸을 고요하게 한다.　　　　　고요

숨을 내쉬면서, 내 몸을 사랑한다.　　　　　　　　사랑

숨을 들이쉬면서, 내 몸에 웃어 준다.	웃음
숨을 내쉬면서, 내 몸을 편안하게 한다.	편안
숨을 들이쉬면서, 내 몸에 웃어 준다.	웃음
숨을 내쉬면서, 내 몸의 긴장을 풀어 준다.	풀어 줌
숨을 들이쉬면서, 넘치는 기쁨을 느낀다.	기쁨
숨을 내쉬면서, 평화와 기쁨의 근원을 맛본다.	평화
숨을 들이쉬면서, 지금 이 순간에 머문다.	지금 이 순간
숨을 내쉬면서, 이것은 경이로운 순간이다.	경이로운 순간
숨을 들이쉬면서, 내 앉은 자세가 든든하다.	든든함
숨을 내쉬면서, 안정감을 느낀다.	안정감

이 연습은 간단하고 쉽지만 효과가 매우 큽니다. 명상 수련을 처음 시작한 사람일지라도 이 연습을 하면 명상이 주는 평화와 기쁨을 금방 느낄 수 있습니다. 한편, 명상 수련을 오래 해온 사람들도 이 연습을 계속 하여 몸과 마음에 자양분과 평화를 줄 수 있습니다. 그렇게 점점 나

아가다 보면 명상으로 치유되는 길에 들어설 수 있을 것입니다.

첫 번째 두 줄(들숨, 날숨)은 숨을 알아차리도록 도와줍니다. 들숨이면 그것이 들숨인 줄 알고, 날숨이면 그것이 날숨인 줄 알게 되는 것이지요. 이렇게 두 시간쯤 연습하면 자동으로 과거와 미래에 대한 생각이 멈춰지고 다른 쓸데없는 생각들도 그치게 될 것입니다. 수련자의 마음이 자기 숨을 알아차리기 위하여 온통 숨 안에 들어가 있기 때문이지요. 덕분에 마음이 숨과 하나가 됩니다. 그럴 때 그대의 마음은 더 이상 과거를 생각하고 미래를 걱정하는 마음이 아닙니다. 그냥 숨을 쉬는 마음입니다.

두 번째 숨(깊어짐, 느려짐)에서 우리는 들숨이 깊어지고 날숨이 느려지는 것을 알아차리게 됩니다. 아주 자연스럽게 그렇게 되지요. 깊고 느리게 숨을 쉬려고 아무런 노력을 하지 않아도 됩니다. 숨을 들이쉬고 내쉬는 줄 알면서 들이쉬고 내쉬면 숨이 저절로 깊어지고 느려지고 더 순조로워집니다. 숨이 순조롭고 평화롭게 흐르면 몸과 마음에서 평화와 기쁨이 느껴지기 시작합니다. 숨의 평화가 몸과 마음의 평화를 불러오지요. 이윽고 명상의 기쁨인 '진리의 황홀'을 즐기기 시작합니다.

세 번째 숨(몸을 알아차리고 쉬게 함)에서는 들숨이 마음을 몸으로 데려오고 그 마음이 다시 몸과 친숙해집니다. 숨은 몸에서 마음으로 건너고 마음에서 몸으로 건너는 다리입니다. 날숨에는 온몸을 쉬게 하는 효력이 있습니다. 숨을 내쉬면서 어깨, 팔, 온몸의 근육을 쉬게 하면 그 안식하는 느낌이 온몸에 스며들게 됩니다. 이 숨 연습은 적어도 열 번은 해야 합니다.

네 번째 숨(몸을 고요하게 하고 사랑함)에서는 들숨의 도움으로 고요하고 평화로워집니다. 날숨과 함께 온몸을 자비로 보살펴 줍니다. 네 번째 연습은 온몸을 고요하게 해줍니다. 그리고 자비로이 몸과 이어질 수 있도록 도와줍니다.

다섯 번째 숨(몸에 웃어 주고 몸을 편안케 함)은 얼굴 근육의 긴장을 풀어 줍니다. 시원한 물줄기를 뿌리듯 온몸에 웃음을 보냅니다. 그리하여 몸이 가볍고 편안해집니다. 이 숨을 연습하는 건, 수련자가 자기 몸을 향해 품은 자비의 자양분을 온몸에 주기 위함이기도 합니다.

여섯 번째 숨(몸에 웃어 주고 몸의 긴장을 풀어 줌)은 다섯 번째 숨의 연속입니다. 아직 몸에 남아 있는 긴장을 마저 풀어 줍니다.

일곱 번째 숨(기쁨을 느끼고 평화를 맛봄)에서 그대는 앎의 기쁨을 누립니다. 어떤 앎인가 하면, 그대가 아직 살아 있고 건강이 좋아서 몸과 마음을 함께 돌보고 먹일 수 있다는 앎이지요. 날숨에는 행복한 느낌이 따라옵니다. 행복은 언제나 단순한 것입니다. 조용히 앉아 숨에 깨어 있는 것 자체가 벌써 행복입니다. 너무나 많은 사람들이 쳇바퀴처럼 맴도는 삶을 삽니다. 날마다 너무 바빠서 이런 진리의 기쁨을 맛볼 기회도 없지요.

여덟 번째 숨(지금 이 순간, 경이로운 순간)은 그대를 지금 이 순간으로 돌아와서 거기에 머물도록 해줍니다. 부처님은 과거는 이미 가 버렸고 미래는 아직 오지 않았고 오직 지금 이 순간에만 삶이 있다고 가르치셨습니다. 지금 이 순간으로 돌아와 거기에 머무는 것은 진정한 삶으로 돌아오는 것입니다. 바로 지금 이 순간, 그대 삶의 모든 것에 연결될 수 있습니다. 행복, 평화, 기쁨, 해방, 불성(佛性), 열반 같은 이 모든 것은 오직 지금 이 순간에서만 만날 수 있습니다. 이 경이로운 것들을 만날 수 있도록 도와주는 것이 바로 숨입니다. 숨을 통해 우리는 지금 이 순간이 신기하고 놀라운 것 그 자체임을 진정으로 느낄 수 있습니다.

아홉 번째 숨(자세의 든든함과 안정감)은 자세에 집중토록 해줍니다. 자세가 아직 곧고 아름답지 않았다면 이제 곧고 아름다워질 것입니다. 든든하고 바르게 앉은 자세가 몸과 마음에 안정감을 줄 것입니다. 그렇게 앉아 있는 바로 이 순간 우리는 자기가 몸과 마음의 주인임을 느낍니다. 이제 더 이상 몸의 행동과 말과 생각에 따라 이리저리 휘둘리며 끌려 다니지 않게 되었습니다.

몸에
자양분 주기

숨을 들이쉬면서, 내가 숨을 들이쉬는 줄 안다.	들숨
숨을 내쉬면서, 내가 숨을 내쉬는 줄 안다.	날숨
숨을 들이쉬면서, 내 숨이 깊어진다.	깊어짐
숨을 내쉬면서, 내 숨이 느려진다.	느려짐
숨을 들이쉬면서, 내 몸을 고요하게 한다.	고요
숨을 내쉬면서, 편안함을 느낀다.	편안
숨을 들이쉬면서, 웃는다.	웃음
숨을 내쉬면서, 풀어 준다.	풀어 줌

숨을 들이쉬면서, 지금 이 순간에 머문다.　　　　　지금 이 순간
숨을 내쉬면서, 이것은 경이로운 순간이다.　　　　경이로운 순간

이 연습은 명상 홀이든, 거실이든, 부엌이든, 기차 안이든, 어디에서나 할 수 있습니다.

첫 번째 숨은 몸과 마음이 함께 돌아와서 하나 되게 해줍니다. 동시에 우리로 하여금 지금 이 순간에 머물며 현재 일어나는 온갖 경이로운 것을 만나도록 돕지요. 이렇게 이삼 분쯤 숨을 쉬고 나면 숨이 자연스럽게 가벼워지고 자유로워지면서 더욱 부드럽고 느리고 깊어집니다. 이때 몸과 마음 안에서 진정한 편안함이 느껴집니다.

두 번째 숨(깊어지고 느려짐)에서는 자기가 원하는 만큼 이 숨과 함께 있을 수 있습니다. 그런 다음 세 번째 숨(고요하고 편안함)으로 넘어갑니다. 여기서 우리는 몸과 마음의 평안과 고요에 깨어 있고, 명상의 기쁨이 계속 우리에게 자양분을 공급합니다. "명상의 기쁨이 우리의 일용양식"입니다. 네 번째 숨(웃고 풀어 줌)과 다섯 번째 숨(지금 이 순간, 경이로운 순간)은 첫 번째 연습에서 해본 것들입니다.

자연에서
자양분 찾기

숨을 들이쉬면서, 내가 숨을 들이쉬는 줄 안다.　　　들숨

숨을 내쉬면서, 내가 숨을 내쉬는 줄 안다.　　　날숨

숨을 들이쉬면서, 나 자신을 한 송이 꽃으로 본다.　　꽃

숨을 내쉬면서, 생기를 느낀다.　　　생기

숨을 들이쉬면서, 나 자신을 산으로 본다.　　　산

숨을 내쉬면서, 든든함을 느낀다.　　　든든함

숨을 들이쉬면서, 스스로 고요한 물이 된다.　　　물

숨을 내쉬면서, 하늘과 산을 비춘다.　　　비춤

숨을 들이쉬면서, 드넓은 공간이 된다.   공간

숨을 내쉬면서, 무한 자유를 느낀다.   자유

    모든 명상 시간을 이 연습으로 시작해도 좋습니다. 아니면 앉기 명상 내내 이 연습을 하여 몸과 마음에 자양분을 공급하고, 몸과 마음을 고요하게 하고, 내려놓음과 자유에 이를 수도 있습니다.

    첫 번째 숨(들숨, 날숨)은 몸과 마음이 하나 될 때까지 여러 번 해도 좋습니다. 몸과 마음을 한데 모으면, 그 둘이 그렇게 하나가 됩니다.

    두 번째 숨(꽃, 생기)은 우리에게 생기를 가져다줍니다. 사람은 마땅히 꽃처럼 싱그러워야 합니다. 우주라는 정원에 피어난 꽃들이기 때문입니다. 아이들을 보기만 해도 이 사실을 알 수 있습니다. 아이들의 동그란 두 눈이 꽃입니다. 아이들의 밝은 얼굴과 말끔한 이마가 꽃입니다. 아이들의 두 손이 꽃입니다. 우리 이마에 주름살이 깊은 것은 걱정이 너무 많기 때문입니다. 우리 눈 밑에 그늘이 짙은 것은 너무 많이 울고 수많은 불면의 밤을 보냈기 때문입니다. 숨을 들이쉬면서 꽃의 본성을 되살립니다. 들숨이 우리에게 꽃의 생명을 되돌려 줍니다. 날숨은 우리가 생기 넘칠 수 있음을, 꽃처럼 싱그러운 존재임을 자각할 수 있도록 해줍니다. 이것이 자기 자신을 위한 자비 명상입니다.

    세 번째 숨(산, 든든함)은 자기를 든든한 산으로 보는 것입니다. 이 숨

은 거친 감정에 휘말려 드는 순간 든든하게 버티고 설 수 있도록 우리를 도와줍니다. 절망, 불안, 두려움, 분노의 소용돌이에 빠져들 때는 폭풍 한가운데 있는 듯한 느낌이 듭니다. 그렇더라도 우리는 폭풍을 견디며 꿋꿋하게 서 있는 나무가 될 수 있습니다. 폭풍 속에 서 있는 나무를 보면 꼭대기 가지들은 금방이라도 꺾이거나 부러질 듯 휘청거리며 앞뒤로 흔들립니다. 그런데 눈길을 아래로 돌려 나무 몸통, 특히 뿌리 쪽을 보면 뿌리가 대지를 든든히 부여잡고 있는 것이 보입니다. 그렇게 나무 아래쪽이 단단하게 자리 잡은 걸 보면 마음이 더 많이 차분해집니다.

우리 몸과 마음이 그 나무와 같습니다. 감정에 휘말려 사로잡힐 때 우리는 자기 자신을 너무나 여리고 부서지기 쉬운 존재라고 느끼고, 이러다가 목숨까지 잃겠다는 생각을 하게 됩니다. 하지만 감정의 폭풍이 휘몰아치더라도 폭풍의 영향권 바깥, 다시 말해 생각과 감정의 테두리 바깥으로 나가 배꼽 아래 단전에 의식을 집중하면 느낌이 아주 다를 것입니다. 자기가 자기의 감정들이 아님을, 감정들을 넘어선 존재임을 보게 될 것입니다. **감정들은 왔다가 가지만 우리는 꿋꿋하게 남아 있습니다.**

자신의 격한 감정을 어찌할 줄 모르는 사람들이 있습니다. 심한 절망, 두려움 또는 분노로 고통스러울 때 그들은 스스로 목숨을 끊는 것이 그 고통을 끝장내는 유일한 방법이라고 생각합니다. 그래서 많은 사람들이, 그것도 젊은이들이, 자살을 합니다. 하지만 연꽃 자세로 앉아서 숨 명상을 할 줄 알면 그런 순간들을 무사히 넘길 수 있을 것입니다.

이 수련은 누워서 완전히 쉬는 자세로도 할 수 있습니다. 아랫배를 위로 부풀리고 아래로 꺼내리며 마음을 아랫배에 모읍니다. 이런 식으로 위험지대를 벗어나 폭풍에 휩쓸리지 않을 수 있습니다. 마음이 고요해지고 폭풍이 지나가고, 그래서 위험이 사라졌음을 알 때까지 이렇게 수련해야 합니다.

이런 수련을 하기 위해서 마음이 고통스러워지기를 기다려서는 안 됩니다. 수련하는 습관이 몸에 배어 있지 않으면 막상 필요할 때 수련하는 것을 잊고 감정들에 사로잡혀 끌려가도록 놔두기 쉽습니다. 그러므로 좋은 습관이 생길 때까지 매일 수련해야 합니다. 그래서 격한 감정이 밀려올 때 그것들을 어떻게 다루며 어떻게 극복할지를 알아야 합니다. 또한 젊은이들에게 치유하는 명상법을 보여 주어 그들이 격한 감정을 극복할 수 있도록 도와야 합니다.

네 번째 숨(물, 비춤)의 목적은 몸과 마음을 고요히 하는 데 있습니다. 부처님은 숨을 들이쉬면서 마음을 고요히 하라고 가르치셨습니다. 마음이 고요하지 않을 때 우리의 지각(知覺)은 언제나 틀리기 마련입니다. 연못 수면이 흔들리면 하늘의 구름을 제대로 비추지 못하듯이, 마음이 고요하지 않으면 우리는 실재를 있는 그대로 보고 듣고 생각할 수 없습니다. 부처는 텅 빈 공중의 서늘한 보름달입니다. 중생의 마음이 고요하면 달 모습이 선명하게 비쳐질 것입니다. 비통과 분노는 잘못된 지각에서 생겨납니다. 그러므로 스스로 훈련하여 잘못된 지각을 버리고 마음이 가을 아침 연못처럼 평화로워야 합니다. 숨이 그 평화를 우리에게 가져다줍니다.

'공간, 자유'는 다섯 번째 숨입니다. 소유와 관심거리가 너무 많으면 여유와 평화 또는 기쁨을 누리지 못할 것입니다. 이 숨의 목적은 공간을, 우리 마음속에 있는 공간과 우리를 에워싼 공간을, 우리에게 돌려주는 것입니다. 너무 많은 염려, 계산, 계획이 있으면 그것들을 줄여야 합니다. 슬픔과 분노도 마찬가지지요. 그것들을 놓아 버리는 연습을 해야 합니다. 우리는 사무실, 직위, 명성, 일, 존재감 따위가 없으면 행복하지 못할 거라고 자주 생각합니다. 하지만 곰곰이 살펴보면 그 모든 것이 오히려 행복을 방해하는 짐에 불과하다는 사실이 보일 것입니다. 그것들을 내려놓을 때 행복이 우리에게 깃듭니다.

부처님의 행복은 참으로 큰 것이었습니다. 하루는 부처님이 바이살리 교외 숲속에 앉아 있을 때 그리로 한 농부가 지나가며 물었습니다. "달아나는 암소들을 보았습니까?" 덧붙여 농부는 작년에 파종한 참깨 밭을 구더기들이 모두 망쳐 놓았다며 자기가 살아 있는 사람 가운데 가장 불행하다고 말했습니다. 어쩌면 자살을 할지도 모른다고도 했지요. 부처님은 그에게 암소들을 보지 못했으니 다른 데서 찾아보라고 일러 주었습니다. 그가 돌아간 뒤, 부처님은 함께 있던 수행자들을 둘러보고 웃으며 말했습니다.

"그대들은 자신이 행복하고 자유로운 줄을 아시는가? 잃어버릴 암소가 한 마리도 없으니."

다섯 번째 숨은 우리로 하여금 마음속에 있는 암소들과 마음 밖에 있는 암소들을 놓아 버릴 수 있도록 도와줄 것입니다.

연습 다섯
화해

숨을 들이쉬면서, 나 자신을 다섯 살배기 아이로 본다.   다섯 살배기 아이

숨을 내쉬면서, 그 다섯 살배기 아이에게 웃어 준다.   웃어 줌

숨을 들이쉬면서, 나 자신인 그 다섯 살배기 아이가   여리고 상처 입기

너무나도 여리고 상처 입기 쉬운 아이임을 본다.   쉬운 아이

숨을 내쉬면서, 내 안에 있는 다섯 살배기 아이에게   이해와 자비로

이해와 자비로 웃어 준다.   웃어 줌

숨을 들이쉬면서, 내 아버지를 다섯 살배기   다섯 살배기

아이로 본다.   아버지

숨을 내쉬면서, 다섯 살배기 아버지에게 웃어 준다.   웃어 줌

숨을 들이쉬면서, 다섯 살배기 아이가
너무나도 여리고 상처 입기 쉬운 내 아버지임을 본다.
숨을 내쉬면서, 내 아버지인 다섯 살배기 아이에게
이해와 자비로 웃어 준다.

여리고 상처 입기
쉬운 다섯 살배기
아버지

이해와 자비로
웃어 줌

숨을 들이쉬면서, 내 어머니를 다섯 살배기
아이로 본다.
숨을 내쉬면서, 다섯 살배기 어머니에게 웃어 준다.

다섯 살배기
어머니

웃어 줌

숨을 들이쉬면서, 다섯 살배기 아이가
너무나도 여리고 상처 입기 쉬운 내 어머니임을 본다.
 숨을 내쉬면서, 내 어머니인 다섯 살배기 아이에게
이해와 자비로 웃어 준다.

여리고 상처 입기
쉬운 다섯 살배기
어머니

이해와 자비로
웃어 줌

숨을 들이쉬면서, 다섯 살 때 겪은
아버지의 고통을 본다.
숨을 내쉬면서, 다섯 살 때 겪은
어머니의 고통을 본다.

다섯 살 때 겪은
아버지의 고통

다섯 살 때 겪은
어머니의 고통

숨을 들이쉬면서, 내 안에 있는 아버지를 본다.　　　내 안의 아버지

숨을 내쉬면서, 내 안의 아버지에게 웃어 준다.　　　웃어 줌

숨을 들이쉬면서, 내 안에 있는 어머니를 본다.　　　내 안의 어머니

숨을 내쉬면서, 내 안의 어머니에게 웃어 준다.　　　웃어 줌

숨을 들이쉬면서, 내 안에 있는 아버지의
어려움을 이해한다.　　　　　　　　　　　　　　　내 안에 있는
　　　　　　　　　　　　　　　　　　　　　　　　아버지의 어려움
숨을 내쉬면서, 아버지와 나 자신을
함께 바꾸기로 서원한다.　　　　　　　　　　　　아버지와
　　　　　　　　　　　　　　　　　　　　　　　　나 자신을 바꾸기

숨을 들이쉬면서, 내 안에 있는 어머니의
어려움을 이해한다.　　　　　　　　　　　　　　　내 안에 있는
　　　　　　　　　　　　　　　　　　　　　　　　어머니의 어려움
숨을 내쉬면서, 어머니와 나 자신을
함께 바꾸기로 서원한다.　　　　　　　　　　　　어머니와
　　　　　　　　　　　　　　　　　　　　　　　　나 자신을 바꾸기

　이 연습으로 많은 젊은이들이 부모와의 관계를 좋게 했고 어린 시절에 생긴 마음의 응어리들을 풀 수 있었습니다.

　아버지나 어머니를 떠올릴 때면 언제나 분노와 슬픔을 경험하는

젊은이들이 있습니다. 어머니와 아버지의 가슴속뿐 아니라 아들과 딸의 가슴속에도 언제나 사랑의 씨앗이 있지만 그 씨앗에 물 주는 법을 모르기 때문입니다. 특히 마음속에 뿌리를 내리고 끊임없이 자라는 내면의 응어리들을 풀어 주는 법을 몰라서 두 세대 모두 서로를 받아들이는 것을 몹시 어려워합니다.

우선 다섯 살배기 꼬마 아이 모습으로 그대 자신을 상상하여 그려 보세요. 그 나이에는 너무나 여리고 상처 입기 쉬워서, 노려보는 눈초리나 험하게 야단치는 말 한 마디로도 내면에 상처를 입고 콤플렉스가 생겨납니다. 아버지가 어머니를 괴롭히거나 어머니가 아버지를 괴롭힐 때 또는 아버지와 어머니가 서로 괴롭힐 때 그 고통의 씨앗이 우리 안에 뿌려지고 거기서 물을 받아먹고 자랍니다.

이런 일이 반복되는 가운데 아이가 성장하면 마음속에 많은 응어리들이 쌓이고, 어머니나 아버지 또는 둘 모두에게 원망하는 마음과 수치심을 품게 됩니다. 자기를 여리고 상처 입기 쉬운 아이로 좀 더 뚜렷이 볼 수 있을 때 우리는 자기 자신에게 연민을 품게 됩니다. 그리고 자기 안에서 자비심이 솟아나는 것을 알아차리지요. 우리는 그 다섯 살배기 아이에게 자비와 사랑으로 웃어 줍니다. 이것이 바로 자기 자신에게 자비 어린 친절을 베푸는 명상입니다.

그런 다음, 다섯 살배기 아이 모습으로 아버지나 어머니를 그려 봅니다. 우리는 대개 아버지를 근엄하고 상대하기 어려운 어른으로 봅니다. 하지만 아버지도 어른이 되기 전에 우리처럼 여리고 상처 입기 쉬운 다섯 살배기 꼬마 아이였습니다. 그 아이도 아버지가 호통을 칠 때면 겁이 나서 몸을 움츠리고 아무 소리 못한 채 혀를 깨물었을 테지요. 그 아이는 자기 아버지의 노여움과 노려보는 눈초리와 심술의 희생자였습니다.

가족 앨범이 있으면 다섯 살배기 아버지나 어머니를 상상하기가 더 쉽습니다. 명상을 하면서 사진 속 그 작은 남자아이와 여자아이에게 친절한 미소를 보냅니다. 그렇게 우리는 그 아이들도 여리고 상처 입기 쉬운 아이였음을 알게 됩니다. 이윽고 우리 안에서 연민의 정이 솟아납니다. 명상과 깨달음의 결실이 드디어 맺히기 시작한 것입니다.

바른 앎과 이해에서 사랑이 시작됩니다. 이해와 더불어 우리는 받아들일 수 있게 됩니다. 이렇게 내면의 응어리들이 풀려 흩어집니다. 이 사랑과 이해를 품고서 아버지나 어머니에게로 돌아가 그들의 변화를 도울 수도 있을 것입니다. 우리는 알고 있습니다. 스스로 이 일을 할 수 있다는 것을. 이해와 사랑이 우리를 바꿔 놓았고, 그에 따라 더 잘 받아들이고 좀 더 부드러워지고 더 많이 평화로워지고 한 번 더 참을 수 있게 되었기 때문입니다.

부록

충만한 일상을
만드는 기도

자두마을에서 자주 암송하는 짧은 기도문들을 소개
합니다. 불교인이 아닌 누구라도 이 기도들을 할 수
있습니다. 이 기도문들을 통해 정신없이 돌아가는 일
상에서 지금 이 순간으로 돌아오는 충만함을 누리길
바랍니다.

행복 가꾸기

여래께 귀의합니다

오지도 않고, 가지도 않는

하루의 기도

행복
가꾸기

평화와 기쁨이 수련의 자원입니다.

날마다 활짝 깨어 평화와 기쁨을 돌보고 가꾸기로 서원합니다.

조상과 가족과 장차 올 세대를 위하여

그리고 전 인류를 위하여 수련에 정진하기로 서원합니다.

헤아릴 수 없이 많은 사람들이 고통을 겪고 있으며

감각적 쾌락, 질투, 증오에 빠져 허덕이고 있음을 압니다.

소통과 이해를 북돋고

받아들이고 사랑할 수 있기 위하여

나 자신의 마음을 보살피고

깊게 들으며 사랑으로 말하는 법을 배우겠습니다.

모두에게 이로운 지혜를 실천하면서

사랑하는 눈과 이해하는 마음으로 보기를 서원합니다.

깨끗한 마음과 자비로운 귀로 들어

다른 이들의 삶에 평화와 기쁨을 안겨 주고

무명(無明)을 밝히고 모든 생명의 고통을 덜어 주기로 서원합니다.

무명과 착각이 세상을 불타는 지옥으로 만들고 있음을 압니다.

변화를 만드는 길을 걸으며

이해하고 사랑 어린 친절을 나누기로 서원합니다.

바야흐로 내가 깨달음의 정원을 가꿀 것입니다.

비록 태어나고 병들고 늙고 죽는 인생이지만

수련의 길을 걷고 있으니 아무 두려울 것 없습니다.

평화롭고 자유로이 살면서

타인의 고통을 덜어 주는

깨어난 자의 일에 동참하는 것은 큰 행복입니다.

순간마다 이 몸, 깊은 감사로 충만합니다.

여래께
귀의합니다

수없이 많은 과거 생애 동안 당신의 제자였던 우리는,

세속의 것들을 추구하느라

참마음의 말간 바탕을 볼 수 없었습니다.

몸과 말과 생각으로 지은 우리의 행실도 건전치 않았습니다.

눈먼 탐욕과 질투, 증오, 분노에 빠져들었습니다.

허나 지금 큰 종소리가 우리를 일깨워

몸과 마음을 새롭게 하기로 결심케 했으니,

온갖 그릇된 행실과 잘못과 허물의 붉은 먼지를

남김없이 씻어 내도록 우리를 도와주소서.

이 순간 당신의 제자인 우리는,

이제까지의 모든 습관에서 멀리 떠나

온전한 삶을 이루고자 승가에 귀의합니다.

원하오니 깨어난 분이여,

당신 손을 우리 위에 얹어 우리를 지켜 주소서.

사랑 어린 친절과 자비가 우리를 이끌고 돕게 하소서.

바라건대 우리 마음속 깨달음의 정원에

수백 가지 꽃들이 피어나기를.

평화와 기쁨의 느낌을

우리가 집집마다 전할 수 있기를.

수만 가지 길 위에

아름다운 씨앗을 심게 되기를.

이 세상 고통에서 달아나려 하지 않고

도움이 필요한 곳마다 늘 그 자리에 있기를.

자비로운 스승께 고개 숙여

우리 모두를 보듬도록 간구하는 이 순간,

산과 강 들이 증인 되어 주기를.

오지도 않고,
가지도 않는

이 몸은 내가 아닙니다.

나는 이 몸에 갇혀 있지 않습니다.

나는 경계 없는 생명입니다.

나는 태어나지 않았고 죽지도 않습니다.

저기 보이는 바다와

별들로 가득 차 있는 하늘이

나의 경이로운 참마음을 나타냅니다.

비롯됨이 없는 시간 이래로

나는 언제 어디서나 자유로웠습니다.

태어남과 죽음은 단지 우리가 통과하는 문들,

우리 여정의 비밀한 문턱들일 뿐입니다.

태어남과 죽음은 한바탕 숨바꼭질 놀이입니다.

그러니 나와 더불어 웃으며

내 손을 잡고

함께 안녕이라고

안녕, 다시 만나자고 말합시다.

오늘 우리는 만납니다.

내일 우리는 만날 것입니다.

매순간 근원에서 우리는 만납니다.

온갖 삶의 모양들로 우리는 서로 만납니다.

하루의
기도

(깨어 일어나며)

잠에서 깨어 일어나며 나는 웃네.

싱그런 스물네 시간이 내 앞에 있구나.

순간순간 꽉 채워 살면서

모든 것을 자비의 눈으로 바라보리라.

(거울을 보며)

깨어 있음은 거울,

땅, 물, 불, 바람이라는

네 가지 근본을 비추는 거울이어라.

아름다움은 가슴,

사랑과 열린 마음을 낳아 주는 가슴이어라.

(물을 받으며)

물이 산 높은 데서 흐르네.

물이 땅 깊은 데서 달리네.

기적이구나,

우리에게로 오고

만물을 살려 주는 물이여.

(손을 씻으며)

물이 내 손 위로 흐르네.

잘 아껴 써서

소중한 지구별을 보존해야지.

(이를 닦으며)

이를 닦고 입을 헹구며

순수하고 사랑스럽게 말할 것을 서원하네.

내 입이 바른 말로 향기로울 때

내 가슴 정원에 꽃 한 송이 피어나겠지.

(옷을 입으며)

옷을 입으며

이 옷을 만든 이들과

이 옷으로 바뀐 물질들이 고맙구나.

바라건대 모든 이들이 넉넉하게 옷을 입었으면.

(포옹하며)

숨을 들이쉬면서, 내 아이를 껴안으니 참 행복하구나.

숨을 내쉬면서, 네가 내 품에서 진실로 살아 있음을 안다.

(비질을 하며)

깨어남의 바닥을 조심스레 비질할 때

깨달음의 나무 하나 대지에서 돋아나리.

(욕실을 청소하며)

북북 문질러 깨끗이 닦네.

얼마나 놀라운가!

날마다 가슴과 머리가 깨끗해지니.

(걸으며)

마음은 만 갈래로 흩어지지만

그래도 이 아름다운 길,

평화로이 걷고 있네.

발걸음마다 서늘한 바람 한 줄기,

발걸음마다 한 송이 꽃.

(밭을 가꾸며)

흙이 우리에게 생명을 주고

흙이 우리를 먹여 살리네.

우리 다시 흙으로 돌아가니

태어남과 죽음이 순간마다 여기 있구나.

(채소를 씻으며)

신선한 채소에서 초록빛 해를 보네.

만물이 더불어 생명을 살리네.

(쓰레기를 버리며)

쓰레기에서 한 송이 장미를 보고

장미에서 쓰레기를 보네.

만물은 끝없이 바뀌네.

영원 또한 순간이구나.

감정들은 왔다가 가지만
우리는 꿋꿋하게 남아 있습니다.

오늘 우리는 만납니다.
내일 우리는 만날 것입니다.
매순간 근원에서 우리는 만납니다.
온갖 삶의 모양들로 우리는 서로 만납니다.